小さなシンプルベビーニット

フランスで愛される **25**点

le mini dressing
des bébés de la droguerie

ラ・ドログリー
la droguerie

文化出版局

le mini dressing des bébés

赤ちゃん誕生のうれしいお知らせが届いたら、プレゼントしたいのが手編みの出産祝い。

気持ちを込めて作り、それを贈ることが目的なのですが、作品選び、糸選び、そして色選びの時点で楽しみはすでに始まっています。ニットにくるまれている小さな赤ちゃんを想像すると、1枚のセーターだけでは止まらず、セットアップで作りたくなることでしょう！

手編みのニットを小さな子どもたちに贈る幸せを改めて感じたい、そんな思いで この本の製作を決めました。みなさまにもこの気持ちが伝わるとうれしいです。指がムズムズしてきましたね。もう我慢できそうにありません！

ラ・ドログリーに関わるママたちが、この本を作るためのアイディアをくれました。ポール、トム、クレマンス、マエル。作品につけられた子どもたちの名前は、適当に選ばれたわけではありません。私たち、ラ・ドログリーの子どもたちの名前です。

この子どもたちのために、ずっと変わらずに愛されるデザインのベビーニットを、新生児から18か月サイズで作りました。ワードローブに必要な普段着のニット、マザーズバッグにいつも入れているニット、初めてのお出かけの日に着るニット。赤ちゃんの毎日に必要なニットウェアすべてを盛り込みました。

簡単で早く仕上がるガーター編みのシンプルな作品から、少しテクニックの必要な縄編みや編込み模様の作品まで。もちろんベビーニットはとても小さいので早く編めるでしょう。編みものをこれから始めるかたにも、スキルアップをしたいかたにもおすすめです。

さあ、編みましょう！

la droguerie Suzie et Sylvie

Sommaire 目次

ベビーの小さなワードローブのためのニットウェアをお楽しみください。
写真下のボタンの数で各作品の難易度を表わしています。

Mahé  p.26

Maëlle ⬜⬜⬜⬜ p.29

Charlie ⬜⬜⬜⬜ p.30

Lily p.42

Tom ⬜⬜⬜⬜ p.44

Camille ⬜⬜⬜⬜ p.50

Alban ⬜⬜⬜⬜ p.56

Louise et Arthur ⬜⬜⬜⬜ p.58

pour bien commencer le tricot...

編みはじめる前に

製図を理解しやすくするために

本書で紹介している作品は、新生児、3か月、6か月、12か月、18か月の5サイズ展開です。

製図の中で5つの数字が並んでいる場合、左から順に新生児サイズ、3か月サイズ、6か月サイズ、12か月サイズ、18か月サイズです。

選んだサイズの目数や長さに丸をつけたり、マーカーで線を引いておくと確認しやすくなります。

難易度

ラ・ドログリーでは、ニット作品の難易度をボタンの数で表わしています。
各レベルの詳細は以下のとおりです。

〜〜〜〜〜〜

⊞⊞⊞⊞ **débutant 基礎**

・作り目
・ガーター編み、メリヤス編み、ゴム編み
・伏せ目
・とじはぎ
・増減目
・かけ目

⊞⊞⊞⊞ **facile 初級**

・色々な種類の増目
・色々な種類の減目
・模様編み（シンプルなデザイン）
・横に糸を渡す編込み（シンプルなデザイン）
・縦に糸を渡す編込み（シンプルなデザイン）
・縄編み（シンプルなデザイン）
・衿ぐり、前立ての拾い目とボタンホール

⊞⊞⊞⊞ **intermédiaire 中級**

・ヨーク
・模様編み（少し複雑なデザイン）
・横に糸を渡す編込み（少し複雑なデザイン）
・縦に糸を渡す編込み（少し複雑なデザイン）
・縄編み（少し複雑なデザイン）
・輪編み（シンプルなデザイン）

l'ensemble Clémence
アンサンブル "クレマンス"

ママは忙しいから早く仕上がるものが編みたいですよね。
クレマンスのために、並太糸 "mini.B" を使ったガーター編みのカシュクールとパンツのアンサンブル。
10号針を使用するのでさくさくと編み進みます。

編み方　カシュクール p.9　パンツ p.78

カシュクール

サイズ：新生児 - 3か月 - 6か月 - 12か月 - 18か月
レベル ⬤⬤⬤⬤⬤

材料

糸 la droguerie
mini.B ミニベ（100% ピュアウール）
col. Brebis（オフホワイト / 01）：
100 - 130 - 160 - 200 - 240g
針 10号2本棒針
ボタン Le sens de la fête pion 直径15mm
col. Rose fraise：3 - 3 - 4 - 4 - 4個

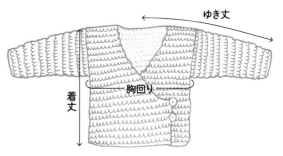

ゆき丈
着丈
胸回り

サイズ

胸回り：42 - 48 - 52 - 58 - 64cm
着　丈：20 - 23 - 26 - 29 - 32cm
ゆき丈：22.5 - 27 - 31 - 35.5 - 40cm

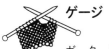

ゲージ

ガーター編み：20目34段が10cm四方

le cache-coeur Clémence

カシュクール　編み方ポイント

糸は1本どりで編みます。

後ろ身頃、前身頃、袖は、それぞれ指に糸をかける方法で作り目をして編み始め、ガーター編みで編みます。前衿ぐりは端の1目内側で減らしながら編みます。袖つけ止りに糸印をつけておきます。編終りは肩を休み目、後ろ衿ぐりは糸をつけて伏止めにします。袖は、袖下を端の1目内側で増しながら編みます。編終りはゆるめに伏止めにします。肩はかぶせはぎ、脇、袖下はすくいとじにします。袖を目と段のはぎでつけます。前端にボタンループを作ります。左前は表に、右前は裏にボタンをつけます。

新生児-3か月-6か月-12か月-18か月　サイズ別の表示がない部分は共通

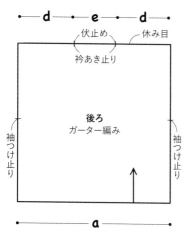

後ろ
ガーター編み

伏止め　休み目　衿あき止り　d・e・d　袖つけ止り　c・b　a

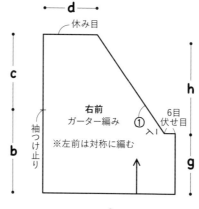
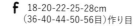

右前
ガーター編み

※左前は対称に編む

休み目　d　6目伏せ目　入1　①　h・g　f

袖
ガーター編み　②

ゆるめに伏止め　k　j　i

a 21-24-26-29-32cm
（42-48-52-58-64目）作り目

b 11-13-15-17-19cm
（38-44-52-58-64段）

c 9-10-11-12-13cm
（30-34-36-40-44段）

d 6.5-7.5-8.5-9.5-10.5cm
（13-15-17-19-21目）

e 8-9-9-10-11cm
（16-18-18-20-22目）

f 18-20-22-25-28cm
（36-40-44-50-56目）作り目

g 8-9-10-11-12cm
（28-30-34-38-40段）

h 12-14-16-18-20cm
（40-48-54-60-68段）

i 14-15-16-17-17cm
（28-30-32-34-34目）作り目

j 12-15-18-21-24cm
（40-52-62-72-82段）

k 18-20-22-25-26cm
（36-40-44-48-52目）

	新生児	3か月	6か月	12か月	18か月
①	5段平ら 2-1-16 3-1-1 段目回 ごと 〕減	3段平ら 4-1-3 2-1-15 3-1-1 〕減	3段平ら 4-1-4 2-1-16 3-1-1 〕減	1段平ら 4-1-4 2-1-20 3-1-1 〕減	3段平ら 4-1-3 2-1-25 3-1-1 〕減
②	7段平ら 8-1-3 9-1-1 〕増	11段平ら 8-1-4 9-1-1 〕増	7段平ら 8-1-3 10-1-2 11-1-1 〕増	7段平ら 8-1-3 10-1-3 11-1-1 〕増	7段平ら 8-1-8 11-1-1 〕増

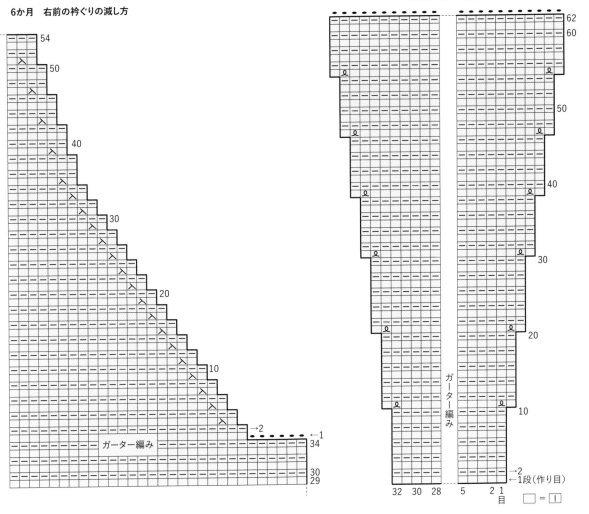

6か月　右前の衿ぐりの減し方

54
50
40
30
20
10
→2
←1
34
30
29

ガーター編み

6か月　袖の増し方

62
60
50
40
30
20
10
→2
←1段(作り目)

32 30 28　　5　2 1
目　　　　　　　□ = I

ガーター編み

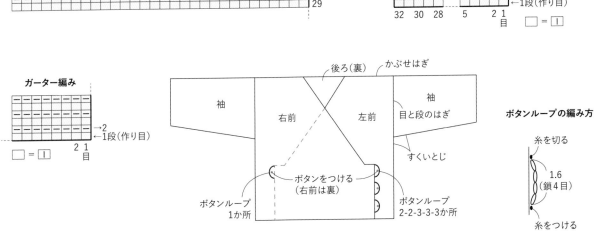

ガーター編み

→2
←1段(作り目)

2 1
目

□ = I

後ろ(裏)　かぶせはぎ

袖　　右前　　左前　　袖
　　　　　　　　　　　　目と段のはぎ

すくいとじ

ボタンをつける
(右前は裏)

ボタンループ
1か所

ボタンループ
2-2-3-3-3か所

ボタンループの編み方

糸を切る

1.6
(鎖4目)

糸をつける

11

l'ensemble Ninon
アンサンブル "ニノン"

アンゴラ混糸 "Duvet d'Anjou" を使った、ケーブル模様がポイントのボンネットとカーディガンのアンサンブル。
カーディガンとボンネットを着せてもらったニノンはお散歩に行く準備万端です。
ボタンを前にしても後ろにしても着られるデザインです。

編み方　p.66

le plaid Ninon
ブランケット "ニノン"

"Duvet d'Anjou" のブランケットにしっかりとくるまれたニノンはお散歩中も寒くなんてありません。
ブランケットに顔をうずめて、いないないばーをするのも大好き！

編み方　p.76

la combinaison Lou
コンビネゾン "ルゥ"

"Alpaga"で編んだコンビネゾンを着た小さなルゥを優しくなでてキスをすると、
はじめての笑顔を見せてくれました。文字どおり溶けてしまいそう。
身頃はメリヤス、前ヨークにだけボッブルを編みます。
肩と股下はボタンで開閉できる脱ぎ着しやすいデザインです。

編み方　p.81

le cardigan Alice

カーディガン "アリス"

アンゴラ混糸 "Duvet d'Anjou" で編んだカーディガンを着たアリスは、子守唄に合わせてむにゃむにゃ。
夢の中で不思議の国にいるようです。
トップダウンで編むレース模様がかわいいカーディガン。
ボタンを前にしても後ろにしても着られるデザインです。

編み方　p.106

l'ensemble Juliette
アンサンブル "ジュリエット"

いちごバニラカラーのアンサンブルがとっても似合っているジュリエット。
頭の先からつま先までキスしたくなるかわいさです。
ピュアウール糸 "Douce Highland" を使ったメリヤス編みのアンサンブルです。
ボタンを前にしても後ろにしても着られるデザインです。

編み方　カーディガン、帽子 p.84　パンツ p.19

パンツ

サイズ：新生児 – 3か月 – 6か月 – 12か月 – 18か月
レベル ⊞⊞⊞⊞⊞

材料

糸 *la droguerie*

Douce Highland ドゥース ハイランド（100% ピュアウール）
col. Rosé des prés（ピンク / 17）：
50 – 50 – 60 – 70 – 80g
col. Calisson（黄色 / 18）：20 – 20 – 30 – 30 – 40g
針 3号、5号2本棒針
その他
平ゴム20mm幅 col. Blanc：
44 – 48 – 52 – 56 – 60cm（試着して長さを決める）
コットン綾テープ15mm幅 col. Bois de rose：1m

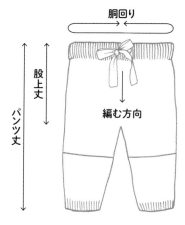

サイズ

胴 回 り：44 – 47 – 53 – 56 – 59cm
パンツ丈：32 – 35 – 39 – 42 – 46cm
股 上 丈：14.5 – 16.5 – 18.5 – 20.5 – 22.5cm

ゲージ

メリヤス編み：26目35段が10cm四方

パンツ　編み方ポイント

糸は1本どりで、指定の針の号数、配色で編みます。
ウエストから3号針で指に糸をかける方法で作り目をして編み始め、1目ゴム編みを編みますが、前はひも通し穴をあけます。5号針に替え、1段めで減し目をして、股上をメリヤス編みで編みます。中心の目の両側で増しながら編みます。中央の1目を伏せ目にし、左右に分けて、脇と股下を端の2目内側で減ら

しながら編みます。3号針に替え、1目ゴム編みの1段めで増し目をします。編終りは前段と同じ記号でゆるめに伏止めにします。前後各1枚を編みます。脇、股下を半目のすくいとじにします。ゴムテープの両端を2cm程度重ねて縫い合わせて輪にし、ウエストの始末をします。ひも通し穴に綾テープを通します。

le legging Juliette

新生児-3か月-6か月-12か月-18か月
サイズ別の表示がない部分は共通

a 71-77-87-91-97目作り目

b 27-29-35-37-39目

c 22-23.5-26.5-28-29.5cm
（57-61-69-73-77に減）

d 8.5-10.5-12.5-14.5-16.5cm
（30-36-44-50-58段）

e 11-11.5-13-14-14.5cm
（28-30-34-36-38段）

f 12.5-13-14.5-15.5-16cm
（32-34-38-40-42目）

g 22-22-22-24-24段

h 34-38-44-46-52段

i 16-17-19-20-22cm
（56-60-66-70-76段）

j 7.5-7.5-8.5-9-10cm
（20-20-22-24-26目）

k 25-25-27-29-31目

1目ゴム編み

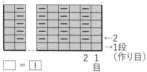

□ = | |

①
新生児	3か月	6か月	12か月	18か月
｜ㅅ｜｜｜	ㅅ｜｜｜ㅅ	ㅅ｜｜｜ㅅ	｜ㅅ｜｜｜	ㅅ｜｜｜ㅅ
14回	15回	17回	18回	19回

② **共通**
1段平ら
2 - 1 - 3 ⎤増
1 - 1 - 1 ⎦
段 目 回
ご と

③ **新生児**
5段平ら
8 - 1 - 5 ⎤減
11 - 1 - 1 ⎦

3か月
3段平ら
8 - 1 - 6 ⎤減
9 - 1 - 1 ⎦

6か月
5段平ら
6 - 1 - 2 ⎤
8 - 1 - 5 ⎥減
9 - 1 - 1 ⎦

12か月
5段平ら
8 - 1 - 7 ⎤減
9 - 1 - 1 ⎦

18か月
5段平ら
8 - 1 - 5 ⎤
10 - 1 - 2 ⎥減
11 - 1 - 1 ⎦

④ **新生児-3か月**（25目に増）
｜ー｜ー♀ー｜ー｜
5回

6か月（27目に増）
｜ー｜ー♀ー｜ー♀ー｜ー｜ー♀ー｜ー｜
2回　　2回

12か月（29目に増）
｜ー♀ー｜ー｜ー♀ー｜
4回

18か月（31目に増）
｜ー♀ー｜ー｜ー♀ー｜ー♀ー｜ー♀ー｜ー｜
2回　2回　2回　2回　2回　2回

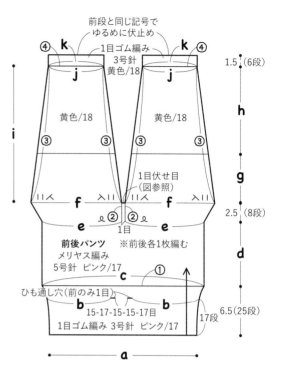

前段と同じ記号で
ゆるめに伏止め

④ k ── 1目ゴム編み ── k ④
3号針
j 黄色/18 j

黄色/18　　黄色/18

1.5（6段）

h

③　③　　③　③

1目伏せ目
（図参照）
1目

g

2.5（8段）

｜｜ㅅ f ㅅ｜｜ 　｜｜ㅅ f ㅅ｜｜
e ♀②②♀ e

前後パンツ ※前後各1枚編む
メリヤス編み
5号針　ピンク/17
c ①

d

ひも通し穴（前のみ1目）
b 　　b
15-17-15-15-17目
1目ゴム編み　3号針　ピンク/17

6.5（25段）
17段

a

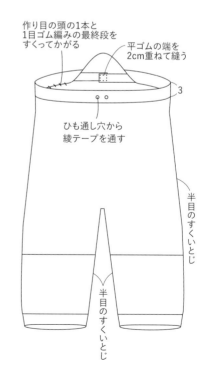

作り目の頭の1本と
1目ゴム編みの最終段を
すくってかがる

平ゴムの端を
2cm重ねて縫う

3

ひも通し穴から
綾テープを通す

半目のすくいとじ

半目のすくいとじ

20

6か月　前後パンツの編み方

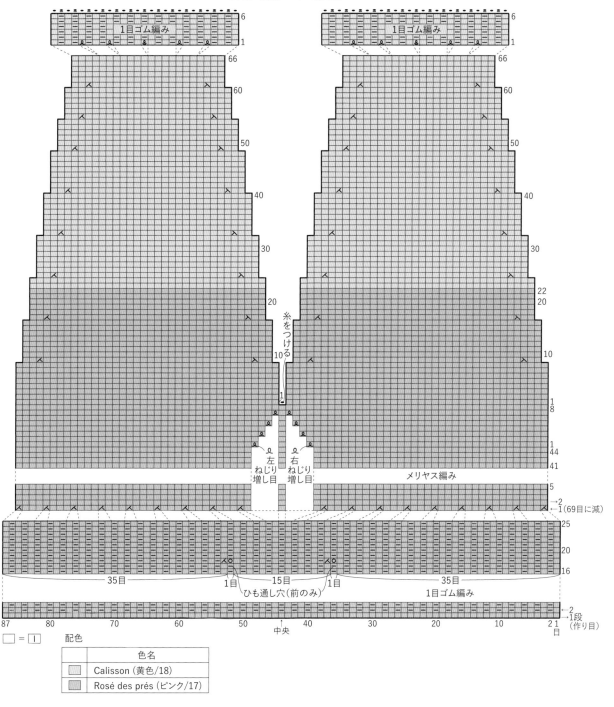

1目ゴム編み

メリヤス編み

糸をつける

左ねじり増し目

右ねじり増し目

→2
←1(69目に減)

ひも通し穴(前のみ)

1目ゴム編み

35目　　1目　15目　1目　35目

中央

→2
→1段
(作り目)

□ = Ｉ

配色

	色名
	Calisson (黄色/18)
	Rosé des prés (ピンク/17)

le plaid Juliette
ブランケット "ジュリエット"

ベビーカーでお出かけするのが楽しみなジュリエット。
"Douce Highland" で編んだメリヤス編みのボーダーブランケットが風から守ってくれます。
ジュリエットの肌にも優しい、ダブルガーゼの裏地つきです。

編み方　p.90

la veste Paul
ジャケット "ポール"

晴れてきたのでポールと外でおやつにしましょう。
100%アルパカ糸 "Alpaga" で編んだジャケットを着て、さあ行きましょう！
"Alpaga" のジャケットはソフトで優しく、まるで大きな繭に包まれているかのよう。

編み方　p.92

l'ensemble Mahé
アンサンブル "マエ"

部屋の中を探検中のマエ。お気に入りのおもちゃで夢の世界を作っています。
マエは鮮やかなブルーのアンサンブルが大好き。
100%アルパカ糸 "Alpaga" のやわらかさときれいなブルー。
ガーター編みで編む長袖のラウンドネックカーディガンはベーシックな1枚。ぜひ帽子もおそろいで！

編み方　カーディガン p.98　帽子 p.27

～～～～～～

帽子

サイズ：新生児 - 3か月 - 6か月 - 12か月 - 18か月

レベル ⊞⊞⊡⊡⊡

材料

糸 la droguerie Alpaga アルパカ（100% アルパカ）

p.26 マエ
col. Porcelaine（セルリアンブルー / 08）：20 - 20 - 30 - 30 - 40g
col. Nèfle（ブラウン混 / 66）：10 - 10 - 20 - 20 - 20g

p.29 マエル
col. Lune rousse（赤茶色 / 85）：20 - 20 - 30 - 30 - 40g
col. Tulipe（赤 / 40）：10 - 10 - 20 - 20 - 20g

針 5号2本棒針

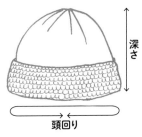

サイズ

頭回り：28.5 - 31.5 - 34.5 - 37.5 - 41cm
深　さ：11 - 12.5 - 15 - 17.5 - 20.5cm

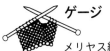

ゲージ

メリヤス編み：26目35段が10cm四方

le bonnet Mahé et Maëlle

帽子　編み方ポイント

糸は1本どりで、指定の配色で編みます。
指に糸をかける方法で作り目をして編み始めます。ガーター編みで24段編み、糸を替えてメリヤス編みで編みます。トップは図のように減らしながら編みます。突合せにして輪にし、すくいとじにしますが、ガーター編み部分は裏側からとじます。残った目に糸を通して絞ります。

新生児-3か月-6か月-12か月-18か月
サイズ別の表示がない部分は共通

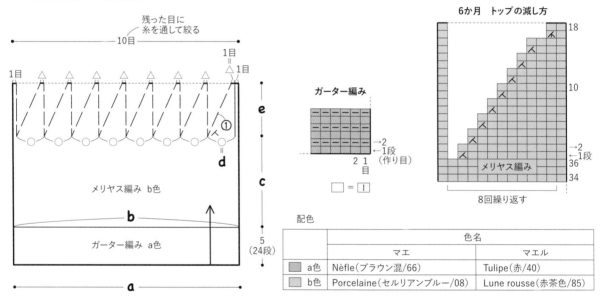

6か月　トップの減し方

8回繰り返す

配色

	色名		
		マエ	マエル
a色	Nèfle（ブラウン混/66）	Tulipe（赤/40）
b色	Porcelaine（セルリアンブルー/08）	Lune rousse（赤茶色/85）

a 74-82-90-98-106目作り目

b 28.5-31.5-34.5-37.5-41cm
（74-82-90-98-106目）

c 7-8-10-12-14cm
（24-28-36-42-50段）

d 9-10-11-12-13目

e 4-4.5-5-5.5-6.5cm
（14-16-18-20-22段）

① 新生児
1段平ら
2 - 2 - 1
2 - 1 - 5　減
1 - 1 - 1
段　目　回
ご　　　　
と

3か月
1段平ら
2 - 2 - 1
2 - 1 - 6　減
1 - 1 - 1

6か月
1段平ら
2 - 2 - 1
2 - 1 - 7　減
1 - 1 - 1

12か月
1段平ら
2 - 2 - 1
2 - 1 - 8　減
1 - 1 - 1

18か月
1段平ら
2 - 2 - 1
2 - 1 - 9　減
1 - 1 - 1

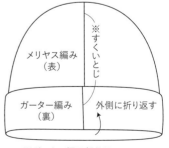

※ガーター編み部分は
裏側からとじる

l'ensemble Maëlle
アンサンブル "マエル"

歯が生えてきたマエルはキリンのお友だちが手放せません。
ぐずっている時はVネックのカーディガンと帽子を身につけてお散歩に出かけましょう。
1枚は欲しい "Alpaga" で編むベーシックなカーディガンです。

編み方　カーディガン p.102　帽子 p.27

l'ensemble Charlie
アンサンブル "シャーリー"

カラフルな編込み模様のアンサンブルを身につけたシャーリーの今日のテーマはサーカス。
かわいいピエロ君は "Alpaga" で編んだ衣装を着て大満足。
カーディガンと帽子は編込み模様、ブーティはメリヤス編みとガーター編みです。

編み方　p.31

サイズ：新生児 - 3か月 - 6か月 - 12か月 - 18か月
レベル ●●●●●

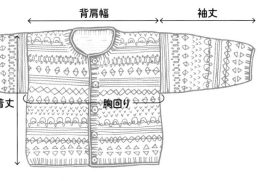

 材料

カーディガン
※ la droguerie

Alpaga アルパカ（100% アルパカ）
col. Beige chiné（ベージュ混 / 32）：30 - 40 - 40 - 50 - 60g、
col. Fond de l'eau（濃ブルー / 71）：20 - 30 - 30 - 40 - 40g、
col. Matin d'automne（青磁色 / 69）、
col. Cocktail d'agrumes（サーモンピンク/ 79）、
col. Écureuil（濃オレンジ / 15）：各20 - 20 - 20 - 30 - 30g
針 2号、5号2本棒針
ボタン Buis de couleurs 直径10mm
col. Rouge：5 - 5 - 6 - 6 - 6個

帽子
※ la droguerie

Alpaga アルパカ（100% アルパカ）
col. Beige chiné（ベージュ混 / 32）：10 - 20 - 20 - 20 - 20g、
col. Fond de l'eau（濃ブルー / 71）：10 - 20 - 20 - 20 - 20g、
col. Matin d'automne（青磁色 / 69）、
col. Cocktail d'agrumes（サーモンピンク/ 79）、
col. Écureuil（濃オレンジ / 15）：全サイズ10g
針 2号、5号2本棒針

ブーティ
※ la droguerie

Alpaga アルパカ（100% アルパカ）
col. Matin d'automne（青磁色 / 69）：20 - 20 - 30 - 30 - 30g、
col. Fond de l'eau（濃ブルー / 71）：5 - 5 - 10 - 10 - 10g、
col. Écureuil（濃オレンジ / 15）：全サイズ5g
針 5号2本棒針

 ゲージ

カーディガン、帽子共通
メリヤス編みの編込み模様A、B：27目28段が10cm四方
ブーティ
メリヤス編み：26目35段が10cm四方

サイズ

胸回り：44.5 - 48.5 - 54 - 58.5 - 64.5cm
着　丈：20 - 23 - 26 - 29.5 - 32.5cm
背肩幅：20 - 21.5 - 23.5 - 25 - 28cm
袖　丈：14 - 16.5 - 20 - 22.5 - 25.5cm

サイズ

頭回り：29 - 32 - 35 - 38 - 40.5cm
深　さ：15.5 - 17 - 19.5 - 22.5 - 25.5cm

サイズ

底　丈：9.5 - 10 - 11 - 11.5 - 12.5cm
長　さ：10.5 - 12.5 - 13.5 - 15 - 16cm
足首回り：11 - 11 - 13 - 14 - 16cm

le cardigan Charlie

カーディガン　編み方ポイント

糸は1本どりで、指定の針の号数、配色で編みます。
後ろ身頃、前身頃、袖はそれぞれ指に糸をかける方法で作り目をして編みます。
編込み模様は、糸を横に渡す編込みで編みます。袖ぐり、前衿ぐりは減らし
ながら、袖下は増しながら、袖山は減らしながら編みます。編終りはゆるめ
に伏止めにします。肩は引抜きはぎ、脇、袖下はすくいとじ、袖は目と段の
はぎでつけます。前立ては、前身頃から拾い目をして編みます。左前立ては2
段めにボタン穴を作ります。編終りは前段と同じ記号で伏止めにします。伏
止めに続けて前立ての裾側の段から3目拾い、次の段で伏止めにします。衿ぐ
りは前立てと同様に編みます。前立てと前後身頃から拾い目をして、2段めで
左前端にボタン穴を作ります。右前にボタンをつけます。

新生児-3か月-6か月-12か月-18か月
サイズ別の表示がない部分は共通

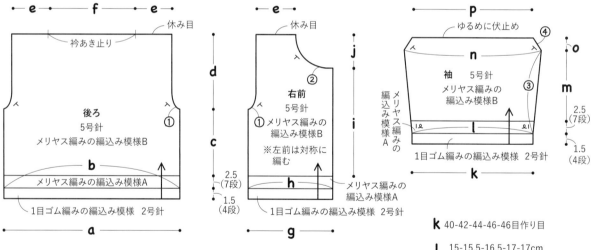

a 60-64-72-78-86目作り目

b 22-24-26.5-29-32cm
（60-64-72-78-86目）

c 7-9-11.5-13.5-15.5cm
（20-26-32-38-44段）

d 9-10-10.5-12-13cm
（26-28-30-34-36段）

e 5.5-6-6.5-7-8cm
（15-16-18-19-22目）

f 9-9.5-10.5-11-12cm
（24-26-28-30-32目）

g 29-31-35-38-42目作り目

h 10.5-11.5-13-14-15.5cm
（29-31-35-38-42目）

i 12-15-17-20-23cm
（34-42-48-56-64段）

j 4-4-5-5.5-5.5cm
（12-12-14-16-16段）

k 40-42-44-46-46目作り目

l 15-15.5-16.5-17-17cm
（40-42-44-46-46目）

m 8-10.5-13.5-15.5-18.5cm
（22-30-38-44-52段）

n 18.5-19-22-24.5-26.5cm
（50-54-60-66-72目）

o 2-2-2.5-3-3cm
（5-5-7-9-9段）

p 17-18.5-20-21.5-23.5cm
（46-50-54-58-64目）

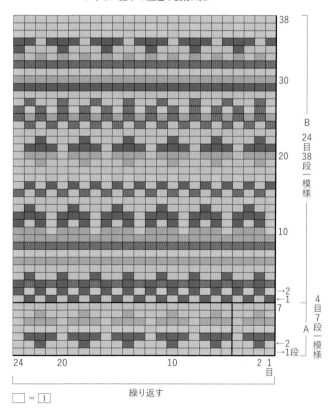

	新生児	3か月	6か月	12か月	18か月
①	21段平ら 2-1-2 1-1-1 減 段目ごと回	23段平ら 2-1-2 1-1-1 減	23段平ら 2-1-3 1-1-1 減	25段平ら 2-1-4 1-1-1 減	27段平ら 2-1-4 1-1-1 減
②	3段平ら 2-1-2 2-2-1 2-3-1 1-4-1 減	3段平ら 2-1-2 2-2-1 2-3-1 1-5-1 減	3段平ら 2-1-3 2-2-1 2-3-1 1-5-1 減	3段平ら 2-1-4 2-2-1 2-3-1 1-5-1 減	3段平ら 2-1-3 2-2-2 2-3-1 1-5-1 減
③	1段平ら 6-1-4 4-1-1 増	1段平ら 6-1-6 増	1段平ら 4-1-2 6-1-6 増	1段平ら 4-1-5 6-1-5 増	1段平ら 4-1-10 6-1-3 増
④	2段平ら 2-1-1 1-1-1 減	2段平ら 2-1-1 1-1-1 減	2段平ら 2-1-2 1-1-1 減	2段平ら 2-1-3 1-1-1 減	2段平ら 2-1-3 1-1-1 減

メリヤス編みの編込み模様A、B

配色

	色名
	Beige chiné（ベージュ混/32）
	Cocktail d'agrumes（サーモンピンク/79）
	Fond de l'eau（濃ブルー/71）
	Matin d'automne（青磁色/69）
	Écureuil（濃オレンジ/15）

1目ゴム編みの編込み模様

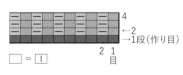

□ = □

繰り返す

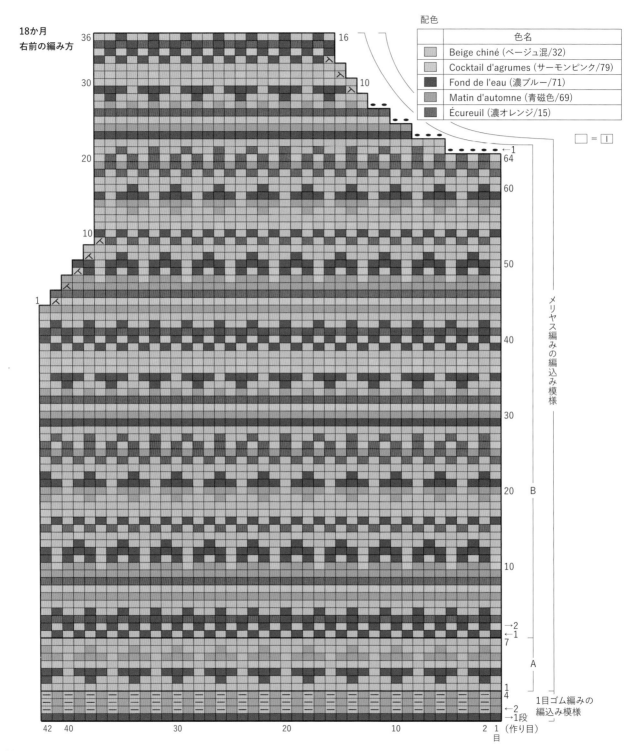

18か月
右前の編み方

配色

	色名
	Beige chiné (ベージュ混/32)
	Cocktail d'agrumes (サーモンピンク/79)
	Fond de l'eau (濃ブルー/71)
	Matin d'automne (青磁色/69)
	Écureuil (濃オレンジ/15)

□ = |

メリヤス編みの編込み模様

B

A

1目ゴム編みの
編込み模様

34

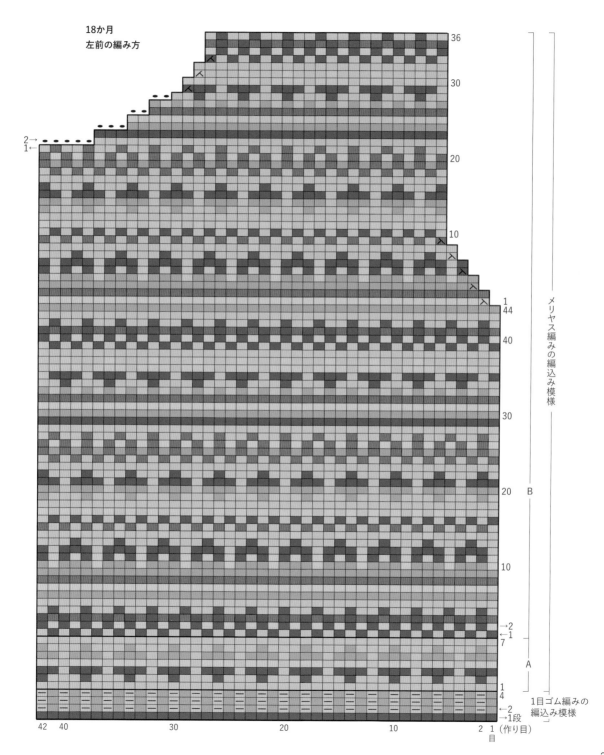

18か月
左前の編み方

メリヤス編みの編込み模様

1目ゴム編みの
編込み模様

A

B

42 40　　　　　30　　　　　20　　　　　10　　　2 1（作り目）
　　　　　　　　　　　　　　　　　　　　　　　目

18か月 袖の編み方

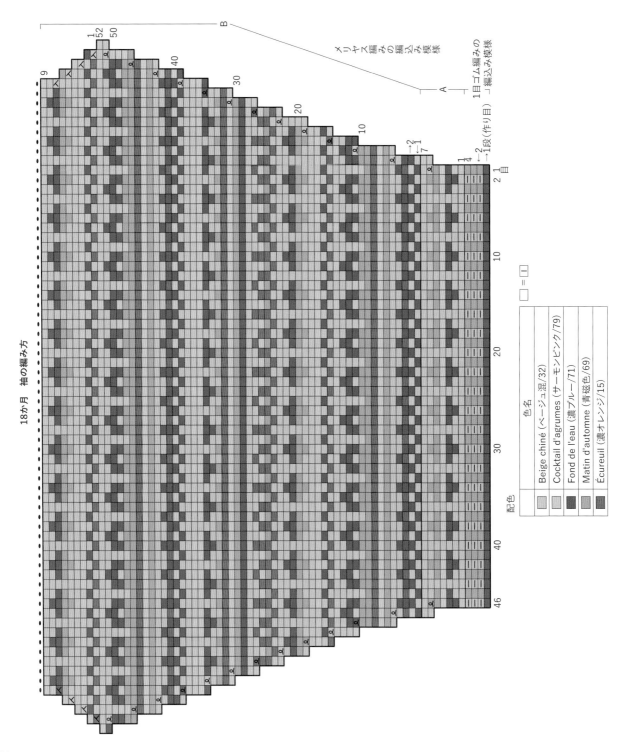

メリヤス編みの編込み模様
1目ゴム編みの編込み模様

A
B

配色

色名

	Beige chiné (ベージュ混/32)
	Cocktail d'agrumes (サーモンピンク/79)
	Fond de l'eau (濃ブルー/71)
	Matin d'automne (青磁色/69)
	Écureuil (濃オレンジ/15)

□ = □

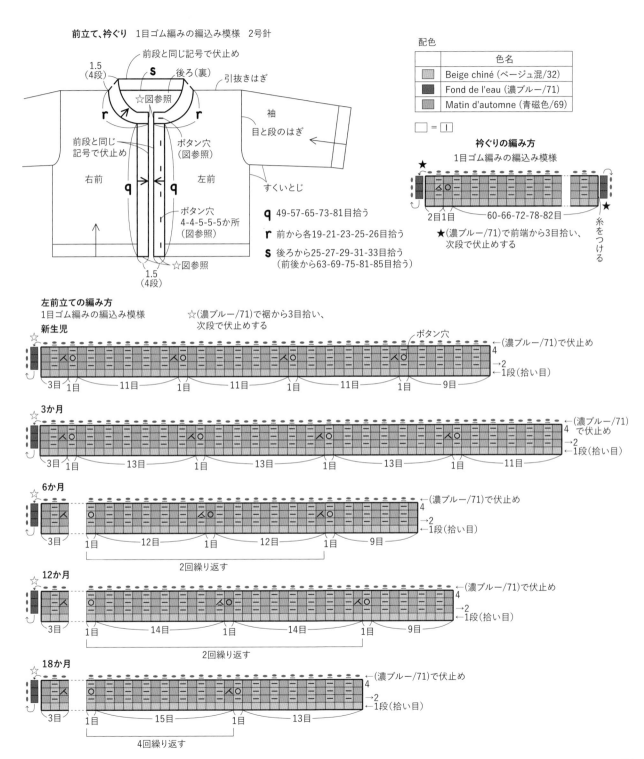

前立て、衿ぐり 1目ゴム編みの編込み模様 2号針

前段と同じ記号で伏止め

1.5（4段）

s

後ろ（裏）

☆図参照

引抜きはぎ

r **r**

袖

目と段のはぎ

前段と同じ記号で伏止め

ボタン穴（図参照）

q **q**

右前 左前

ボタン穴4-4-5-5-5か所（図参照）

すくいとじ

☆図参照

1.5（4段）

q 49-57-65-73-81目拾う

r 前から各19-21-23-25-26目拾う

s 後ろから25-27-29-31-33目拾う（前後から63-69-75-81-85目拾う）

配色

	色名
	Beige chiné（ベージュ混/32）
	Fond de l'eau（濃ブルー/71）
	Matin d'automne（青磁色/69）

☐ ＝ ☐

衿ぐりの編み方
1目ゴム編みの編込み模様

★

2目1目 60-66-72-78-82目

★（濃ブルー/71）で前端から3目拾い、次段で伏止めする

糸をつける

左前立ての編み方
1目ゴム編みの編込み模様

☆（濃ブルー/71）で裾から3目拾い、次段で伏止めする

新生児

ボタン穴

←（濃ブルー/71）で伏止め
4
→2
←1段（拾い目）

3目 1目 11目 1目 11目 1目 11目 1目 9目

3か月

←（濃ブルー/71）で伏止め
4
→2
←1段（拾い目）

3目 1目 13目 1目 13目 1目 13目 1目 11目

6か月

←（濃ブルー/71）で伏止め
4
→2
←1段（拾い目）

3目 1目 12目 1目 12目 1目 9目

2回繰り返す

12か月

←（濃ブルー/71）で伏止め
4
→2
←1段（拾い目）

3目 1目 14目 1目 14目 1目 9目

2回繰り返す

18か月

←（濃ブルー/71）で伏止め
4
→2
←1段（拾い目）

3目 1目 15目 1目 13目

4回繰り返す

le bonnet Charlie

帽子　編み方ポイント

糸は1本どりで、指定の針の号数、配色で編みます。
指に糸をかける方法で作り目をして編みます。編込み模様は、
糸を横に渡す編込みで編みます。トップは左上2目一度を繰り
返して減らしながら編みます。突合せにして輪にし、すくいと
じにします。編終りの目に糸を通して絞ります。

新生児-3か月-6か月-12か月-18か月
サイズ別の表示がない部分は共通

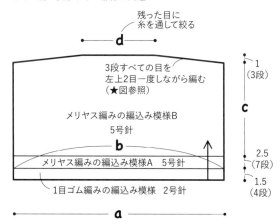

残った目に
糸を通して絞る

3段すべての目を
左上2目一度しながら編む
（★図参照）

1
（3段）

メリヤス編みの編込み模様B
5号針

c

b

メリヤス編みの編込み模様A　5号針

2.5
（7段）

1目ゴム編みの編込み模様　2号針

1.5
（4段）

a

a 78-86-94-102-110目作り目

b 29-32-35-38-40.5cm
　（78-86-94-102-110目）

c 10.5-12-14.5-17.5-20.5cm
　（30-34-40-48-58段）

d 10-11-12-13-14目

1目ゴム編みの編込み模様

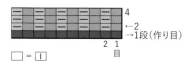

4
←2
→1段（作り目）

2　1
目

□ = ①

配色

	色名
	Beige chiné（ベージュ混/32）
	Cocktail d'agrumes（サーモンピンク/79）
	Fond de l'eau（濃ブルー/71）
	Matin d'automne（青磁色/69）
	Écureuil（濃オレンジ/15）

（表）　すくいとじ

18か月

★すべての目を左上2目一度しながら編む

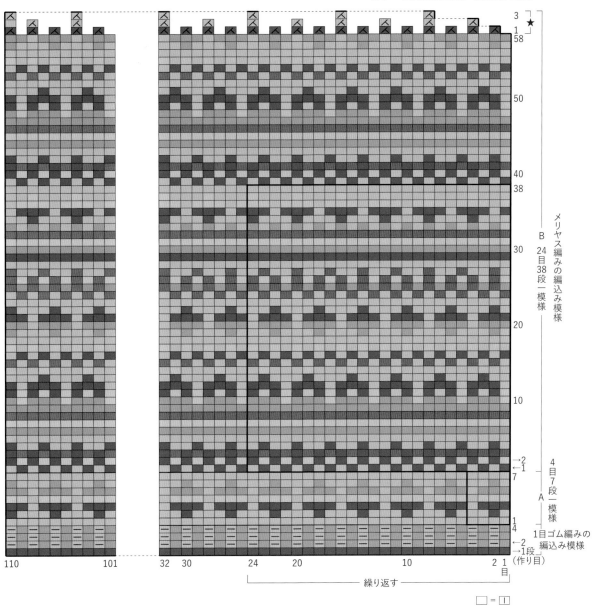

★
3
1
58

50

40

38

30

B
24目38段一模様

20

メリヤス編みの編込み模様

10

→2
←1

7

4目7段一模様

A

14
4

→2
←1

1目ゴム編みの編込み模様

←2
→1段（作り目）

110   101   32 30   24   20   10   2 1目

└──────────── 繰り返す ────────────┘

□ = 1

39

les chaussons Charlie

ブーティ　編み方ポイント

糸は1本どりで、指定の配色で編みます。
指に糸をかける方法で作り目をして編みます。ガーター編みで
増しながら編みます。続けてメリヤス編みで減らしながら編み
ます。編終りは伏止めにします。底をメリヤスはぎ、後ろ中央
をすくいとじにします。同じものを2枚編みます。

新生児-3か月-6か月-12か月-18か月
サイズ別の表示がない部分は共通

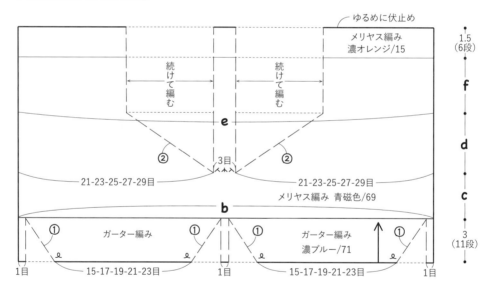

a 33-37-41-45-49目作り目

b 19-20.5-22-23.5-25cm
（49-53-57-61-65目）

c 1.5-2.5-3-3.5-4cm
（6-8-10-12-14段）

d 2.5-3-3-3-3cm
（9-11-11-11-11段）

e 11-11-13-14-16cm
（29-29-33-37-41目）

f 2-2.5-3-4-4.5cm
（7-9-11-13-15段）

①　共通
1段平ら
2 - 1 - 3
4 - 1 - 1 ］増
段　目　回
ご　ご
と

②　新生児
2 - 2 - 4 ］減
1 - 2 - 1

3か月-6か月-12か月-18か月
2 - 2 - 5 ］減
1 - 2 - 1

6か月

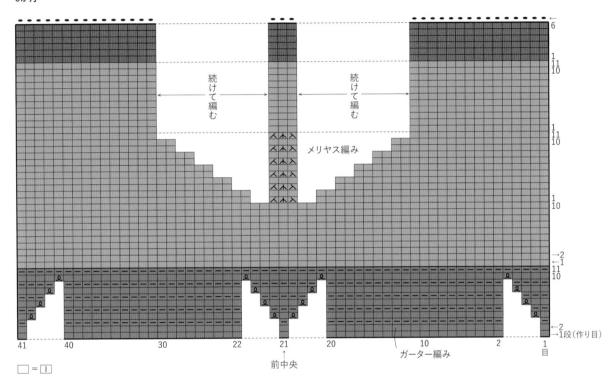

続けて編む

続けて編む

メリヤス編み

41　40　　30　　22　21　20　　10　2　1
目

前中央

ガーター編み

□ = |

配色

	色名
	Fond de l'eau (濃ブルー/71)
	Matin d'automne (青磁色/69)
	Écureuil (濃オレンジ/15)

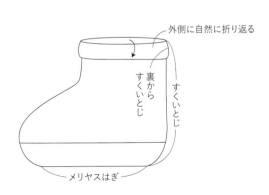

外側に自然に折り返る

裏から
すくいとじ

すくいとじ

メリヤスはぎ

41

la robe Lily

ワンピース "リリー"

ウール糸 "Surnaturelle" で編んだニットワンピースがとても似合うリリー。
かわいい笑顔だけではなく、ラグラン線のケーブル模様がポイントのワンピースをみんながほめてくれます。
トップダウンで編んだワンピースは、ボタンを前にしても後ろにしても着られます。

編み方　p.111

l'ensemble Tom

アンサンブル "トム"

リンゴ3個分の身長のトムは冒険家。
ベストを着てポンポンつきの帽子をかぶったトムは、もう世界に向けての1歩を踏み出しました。
並太糸 "mini.B" を使ったガーター編みのベストと帽子は初心者にもおすすめ。
ベストは前後身頃を1枚で編み、肩のみをはぎ合わせるデザインなので、脇のとじはありません。

編み方　p.45

〜〜〜〜〜〜

サイズ：新生児 - 3か月 - 6か月 - 12か月 - 18か月
レベル

材料

ベスト
糸 la droguerie
mini.B ミニベ（100% ピュアウール）
col. Bois blond（れんが色 / 20）：50 - 60 - 70 - 90 - 100g
col. Baleine（紺 / 05）：10 - 10 - 10 - 20 - 20g
針 10号2本棒針
ボタン Trench rond 4 trous 直径20mm
col. Marron café au lait：3個

帽子
糸 la droguerie
mini.B ミニベ（100% ピュアウール）
col. Baleine（紺 / 05）：20 - 30 - 40 - 40 - 50g
col. Bois blond（れんが色 / 20）：全サイズ10g
針 10号2本棒針

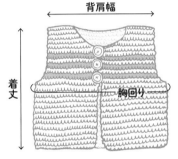

サイズ
胸回り：44 - 48 - 52 - 58 - 64cm
着　丈：20 - 23 - 25.5 - 29 - 32cm
背肩幅：18 - 20 - 20 - 23 - 26cm

サイズ
頭回り：27 - 30 - 33 - 36 - 39cm
深　さ：12.5 - 14.5 - 16.5 - 18.5 - 20.5cm

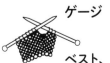
ゲージ
ベスト、帽子共通
ガーター編み：20目34段が10cm四方

le bonnet Tom

帽子　編み方ポイント

糸は1本どりで、指定の配色で編みます。

指に糸をかける方法で作り目をして編み始め、ガーター編みで編みます。トップは図のように減らしながら編みます。突合せにして輪にし、すくいとじにします。残った目に糸を通して絞ります。ポンポンを作り、トップにとじつけます。

新生児-3か月-6か月-12か月-18か月
サイズ別の表示がない部分は共通

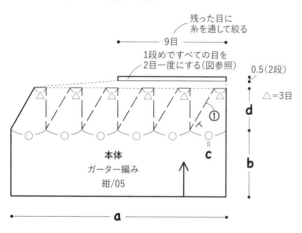

残った目に
糸を通して絞る

9目

1段めですべての目を
2目一度にする（図参照）

0.5（2段）

△=3目

d

b

本体
ガーター編み
紺/05

c

①

a

a 27-30-33-36-39cm
（54-60-66-72-78目）作り目

b 8-9-10.5-12-13.5cm
（28-30-36-40-46段）

c 9-10-11-12-13目

d 4-5-5.5-6-6.5cm
（14-16-18-20-22段）

① **新生児**
1段平ら
2 - 1 - 4 ⎤
4 - 1 - 1 ⎬ 減
1 - 1 - 1 ⎦
段 目 回
ご
と

3か月
1段平ら
2 - 1 - 5 ⎤
4 - 1 - 1 ⎬ 減
1 - 1 - 1 ⎦

6か月
1段平ら
2 - 1 - 6 ⎤
4 - 1 - 1 ⎬ 減
1 - 1 - 1 ⎦

12か月
1段平ら
2 - 1 - 7 ⎤
4 - 1 - 1 ⎬ 減
1 - 1 - 1 ⎦

18か月
1段平ら
2 - 1 - 8 ⎤
4 - 1 - 1 ⎬ 減
1 - 1 - 1 ⎦

6か月　トップの減し方

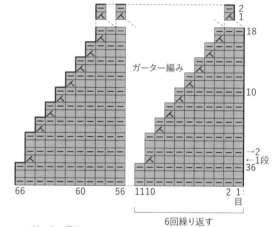

2
1

18

ガーター編み

10

→2
←1段
36

66　　60　　56　　1110　　　2 1
目

6回繰り返す

ガーター編み

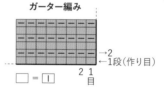

→2
←1段（作り目）

2 1
目

□ = 目

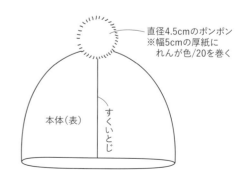

直径4.5cmのポンポン
※幅5cmの厚紙に
れんが色/20を巻く

本体（表）

すくいとじ

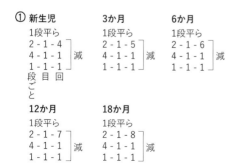

le gilet Tom

ベスト　編み方ポイント

糸は1本どりで、指定の配色で編みます。
指に糸をかける方法で作り目をして編み始め、ガーター編みで編みます。脇まで編めたら、左前と後ろは休み目にして、袖ぐりを減らしながら、右前をガーター編み（縞）とガーター編みで編みます。前衿ぐりは減らしながら編み、編終りは肩を休み目、後ろ衿ぐりは糸をつけて伏止めにします。後ろは休み目から拾って編みます。左前は右前と左右対称に編みます。肩をかぶせはぎにします。左前端にボタンループを作ります。右前にボタンをつけます。

新生児-3か月-6か月-12か月-18か月

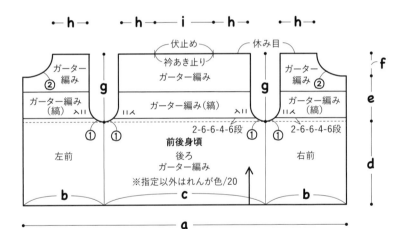

a	44-48-52-58-64cm （88-96-104-116-128目）作り目
b	11-12-13-14.5-16cm （22-24-26-29-32目）
c	22-24-26-29-32cm （44-48-52-58-64目）
d	11-13-15-17-19cm （38-44-52-58-64段）
e	6-7-7-8-9cm （20-24-24-26-30段）
f	3-3-3.5-4-4cm （10-10-12-14-14段）
g	9-10-10.5-12-13cm （30-34-36-40-44段）
h	5-5.5-5.5-6.5-8cm （10-11-11-13-16目）
i	8-9-9-10-10cm （16-18-18-20-20目）

	新生児	3か月	6か月	12か月	18か月
①	23段平ら 2-1-3 1-1-1 減 段目回 ごと	27段平ら 2-1-3 1-1-1 減	25段平ら 2-1-5 1-1-1 減	29段平ら 2-1-5 1-1-1 減	33段平ら 2-1-5 1-1-1 減
②	1段平ら 2-1-3 2-2-1 1-3-1 減	1段平ら 2-1-3 2-2-1 1-4-1 減	1段平ら 2-1-4 2-2-1 1-3-1 減	3段平ら 2-1-4 2-2-1 1-3-1 減	3段平ら 2-1-4 2-2-1 1-4-1 減

47

袖ぐり、右前衿ぐりの減し方

新生児

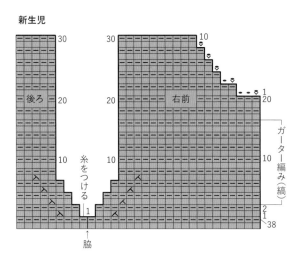

後ろ

右前

ガーター編み（縞）

糸をつける

↑
脇

3か月

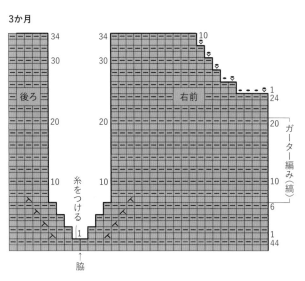

後ろ

右前

ガーター編み（縞）

糸をつける

↑
脇

□ = |

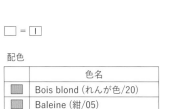

6か月　前後身頃の編み方

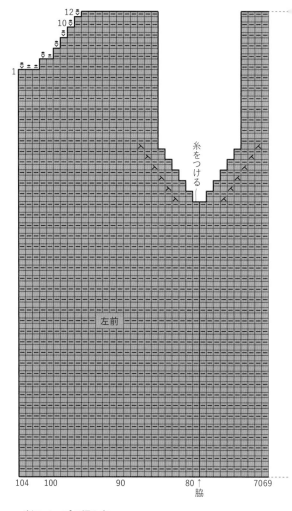

左前

糸をつける

104　100　　90　　80↑　　7069
　　　　　　　　　　脇

ボタンループの編み方

れんが色/20

糸を切る

2.4
（鎖6目）

糸をつける

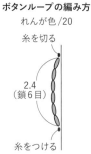

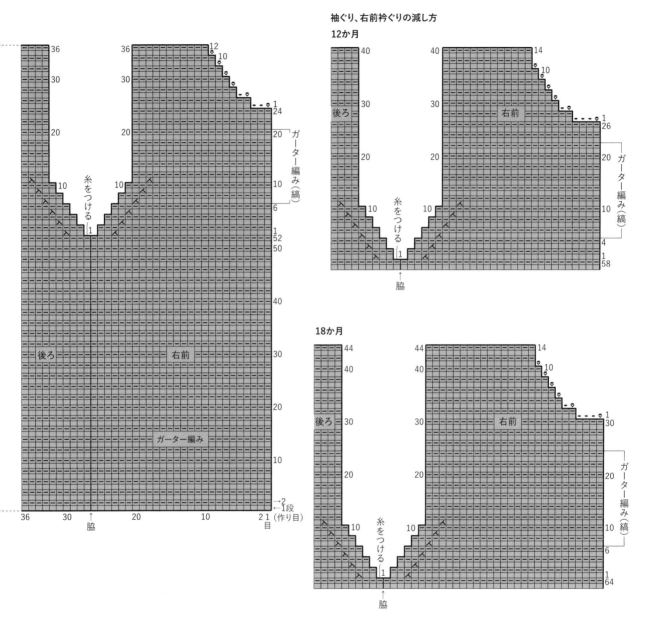

袖ぐり、右前衿ぐりの減し方

12か月

18か月

l'ensemble Camille
アンサンブル "カミーユ"

フードつきのジャケットを着てぬくぬくのカミーユ。これからおばあちゃんのお家へ行って午後のおやつです。
ウール糸 "Surnaturelle" を使ったボーダー模様のジャケット。
ガーター編みで編むので、厚みが出てもちもちとした編み地に仕上がります。
もちろんカミーユの足にはおそろいのブーティも。

編み方　フードジャケット p.52　ブーティ p.120

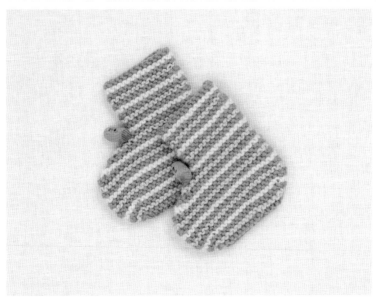

l'ensemble Camille

アンサンブル "カミーユ"

フードジャケット

サイズ：新生児〜3か月 - 6か月 - 12か月 - 18か月

レベル ●●○○○

材料

糸 la droguerie

Surnaturelle シュールナチュレル
(100% スーパーファインメリノ)
col. Seigle (ベージュ / 13)：70 - 90 - 110 - 130g
col. Moisson (黄色 / 05)、col. Écru (生成り / 02)：
各40 - 50 - 60 - 70g
針 5号2本棒針
ボタン Hêtre bûchette duffle-coat 長さ20mm
col. Naturel：4個

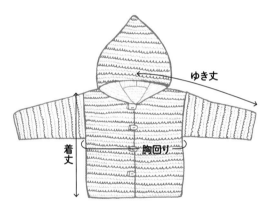

ゲージ

ガーター編み (縞)：22目44段が10cm四方

サイズ

胸回り：49 - 55 - 61 - 68.5cm
着　丈：25 - 28 - 31 - 34cm
ゆき丈：28 - 31.5 - 36 - 40.5cm

le capuchon Camille

フードジャケット　編み方ポイント

糸は1本どりで、指定の配色で編みます。
後ろ身頃、前身頃、袖、フードはそれぞれ指に糸をかける方法で作り目をして、ガーター編み（縞）で編みます。ベージュは編み地の端で縦に糸を渡しながら編み、黄色と生成りは縦に渡さずに次の段の始めで糸始末をしながら編みます。袖つけ止りに糸印をつけておきます。前衿ぐりは減らしながら編みます。編終りは肩を休み目、後ろ衿ぐりは糸をつけて伏止めにします。袖は、袖下を増しながら編み、編終りはゆるめに伏止めにします。フードは減らしながら編み、編終りは休み目にします。肩はかぶせはぎ、脇、袖下はすくいとじ、袖は目と段のはぎでつけます。フードは外表に二つ折りにして合い印どうしをかぶせはぎにし、身頃の衿ぐりにすくいとじと目と段のはぎでつけます。左前端にボタンループを作ります。右前にボタンをつけます。

新生児〜3か月-6か月-12か月-18か月
サイズ別の表示がない部分は共通

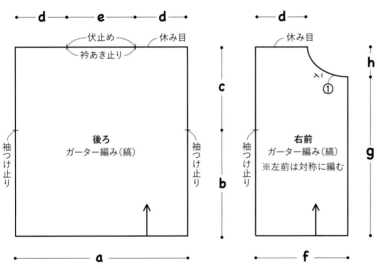

	新生児〜3か月	6か月
①	7段平ら 2 - 1 - 5 1 - 7 - 1 　減 段　目　回 ごと	7段平ら 2 - 1 - 6 1 - 7 - 1 　減
	12か月	**18か月**
	7段平ら 2 - 1 - 7 1 - 7 - 1 　減	5段平ら 2 - 1 - 8 1 - 7 - 1 　減

a 24-27-30-33.5cm
（52-60-66-74目）作り目

b 14-16-18-20cm
（63-71-79-87段）

c 11-12-13-14cm
（48-54-58-62段）

d 7-8-9-10.5cm
（15-18-20-23目）

e 10-11-12-12.5cm
（22-24-26-28目）

f 12.5-14-15.5-17.5cm
（27-31-34-38目）作り目

g 21-23.5-26-29cm
（93-105-115-127段）

h 4-4.5-5-5cm
（18-20-22-22段）

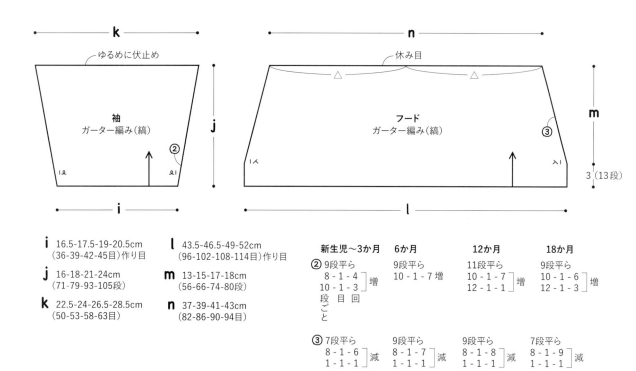

ゆるめに伏止め

袖
ガーター編み（縞）
②

k

j

i

休み目

フード
ガーター編み（縞）
③

n

m

l

3（13段）

i 16.5-17.5-19-20.5cm
（36-39-42-45目）作り目

j 16-18-21-24cm
（71-79-93-105段）

k 22.5-24-26.5-28.5cm
（50-53-58-63目）

l 43.5-46.5-49-52cm
（96-102-108-114目）作り目

m 13-15-17-18cm
（56-66-74-80段）

n 37-39-41-43cm
（82-86-90-94目）

新生児〜3か月	6か月	12か月	18か月
②9段平ら 8-1-4 10-1-3]増 段 目 回 ごと	9段平ら 10-1-7 増	11段平ら 10-1-7 12-1-1]増	9段平ら 10-1-6 12-1-3]増
③7段平ら 8-1-6 1-1-1]減	9段平ら 8-1-7 1-1-1]減	9段平ら 8-1-8 1-1-1]減	7段平ら 8-1-9 1-1-1]減

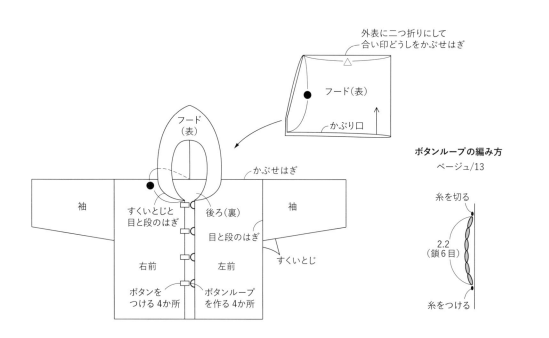

外表に二つ折りにして
合い印どうしをかぶせはぎ

フード（表）

かぶり口

フード
（表）

すくいとじと
目と段のはぎ

かぶせはぎ

後ろ（裏）

目と段のはぎ

すくいとじ

袖

袖

右前

左前

ボタンを
つける4か所

ボタンループ
を作る4か所

ボタンループの編み方
ベージュ/13

糸を切る

2.2
（鎖6目）

糸をつける

6か月　右前衿ぐりの減し方

20

10

→2　←1
105

100

ガーター編み（縞）

13

10

←2
→1段（作り目）

16　　　10　　　2 1
目

ガーター編み（縞）

9

8段一模様

←2
→1段（作り目）

2 1
目

□ = □

配色

	色名
	Seigle（ベージュ/13）
	Moisson（黄色/05）
□	Écru（生成り/02）

6か月　袖の編み方

79

70

60

50

40

ガーター編み（縞）

30

20

10

←2
→1段（作り目）

3938　　　2 1
目

6か月　フードの編み方

66

60

50

40

ガーター編み（縞）

30

20

10

→2
←1
13

10

←2
→1段（作り目）

102 100　　　93　　　10　　　2 1
目

le cardigan Alban

カーディガン "アルバン"

ゆりかごの中にいるアルバンをずっと眺めてしまう。
やわらかいラグランカーディガンを着てうれしそうなアルバンもにっこりと笑い返してくれます。
アンゴラ混糸 "Duvet d'Anjou" を使った、メリヤスにポコポコとした裏目の模様がかわいいカーディガン。
縁編みはガーター編みです。

編み方　p.114

l'ensemble Louise et Arthur
アンサンブル "ルイーズとアーサー"

女の子かな、男の子かな？ルイーズにしようか、それともアーサー？
赤ちゃんが生まれてくるのを待つ時間は、アンゴラ混糸 "Duvet d'Anjou" の名前入りプルオーバーを編むのにぴったり。
おそろいのボンネットも用意して、やさしさとやわらかさで包んであげたい。
プルオーバーのボタンもハート形にして、愛をいっぱい込めましょう。

編み方　p.59

材料

プルオーバー

糸 *la droguerie*

Duvet d'Anjou デュべ ダンジュ（70% ウール、30% アンゴラ）

a色：10 - 10 - 10 - 20 - 20g

b色：50 - 60 - 80 - 90 - 110g

針 3号、6号2本棒針

ボタン Star light coeur直径11mm

Louise col. Prune 、Arthur col. Turquoise：各4個

ボンネット

糸 *la droguerie*

Duvet d'Anjou デュべ ダンジュ

（70% ウール、30% アンゴラ）

a色：10g

b色：30 - 30 - 40 - 40 - 50g

針 6号2本、4本棒針

Louise バージョン：

a色 = col. Crème de praline rose（マゼンタピンク / 16）

b色 = col. Velouté de champignons（ライトグレー / 02）

Arthur バージョン：

a色 = col. Tisane de bleuet（コバルトブルー / 29）

b色 = col. Flan de sésame（スチールグレー / 28）

サイズ

胸回り：44 - 48 - 51 - 57 - 65cm

着　丈：20.5 - 23 - 26.5 - 29 - 31.5cm

背肩幅：19.5 - 21.5 - 23.5 - 26 - 28.5cm

袖　丈：13 - 16 - 19 - 22 - 25.5cm

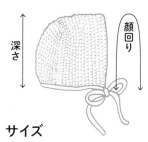

サイズ

顔回り：33 - 35 - 37 - 39 - 41cm

深　さ：13 - 13.5 - 14 - 14.5 - 15cm

ゲージ

プルオーバー

メリヤス編み：21目30段が10cm四方

ボンネット

ガーター編み：21目37段が10cm四方

le pull Louise et Arthur

プルオーバー 編み方ポイント

糸は1本どりで、指定の針の号数、配色で編みます。
後ろ身頃、前身頃、袖はそれぞれ3号針で指に糸をかける方法で作り目をして編み始め、ガーター編みで編みます。6号針に替え、後ろはメリヤス編みで編み、袖ぐりは減らしながら編みます。編終りは休み目にします。前はメリヤス編みと編込み模様で編みます。ハートは縦に糸を渡して編み、アルファベットは横に糸を渡して編みます。袖ぐり、衿ぐりは減らしながら編み、編終りは休み目にします。袖は、袖下を増しながら、袖山を減らしながら編み、編終りはゆるめに伏止めにします。前後の衿ぐりからそれぞれ拾い目をして、3号針でガーター編みを編み、編終りは裏目の伏止めにします。肩は袖側から指定の寸法を引抜きはぎにします。脇、袖下は半目のすくいとじにします。袖を目と段のはぎでつけます。前肩にボタンループを作ります。後ろにボタンをつけます。

新生児-3か月-6か月-12か月-18か月
サイズ別の表示がない部分は共通

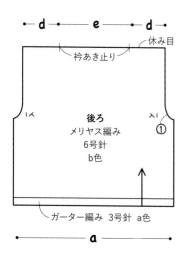

後ろ
メリヤス編み
6号針
b色

衿あき止り
休み目

ガーター編み 3号針 a色

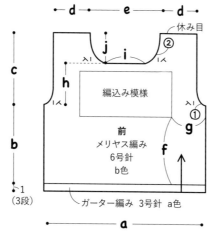

編込み模様

前
メリヤス編み
6号針
b色

休み目

ガーター編み 3号針 a色

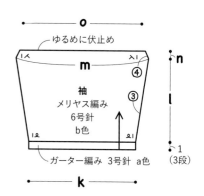

袖
メリヤス編み
6号針
b色

ゆるめに伏止め

ガーター編み 3号針 a色

a 22-24-25.5-28.5-32.5cm
（46-50-54-60-68目）作り目

b 10-12-14-16-18cm
（30-36-42-48-54段）

c 9.5-10-11.5-12-12.5cm
（28-30-34-36-38段）

d 5-5.5-6-7-8cm
（11-12-13-15-17目）

e 9.5-10.5-11.5-12.5-13.5cm
（20-22-24-26-28目）

f 8-10-13-14-17.5cm
（24-30-38-42-52段）

g Louise：10-12-14-17-21目
Arthur：8-10-12-15-19目

h 5.5-5.5-6-6-6.5cm
（16-16-18-18-20段）

i 12-12-14-14-16目伏せ目

j 4-4.5-5.5-6-6cm
（12-14-16-18-18段）

k 14.5-15-16-17-17cm
（30-32-34-36-36目）作り目

l 11-14-17-20-23cm
（34-42-52-60-70段）

m 18-20-22-24-26.5cm
（38-42-46-50-56目）

n 1-1-1-1-1.5cm
（3-3-3-3-5段）

o 17-19-21-23-24.5cm
（36-40-44-48-52目）

新生児	3か月	6か月	12か月	18か月
① 25段平ら 2-1-1 1-1-1]減 段 目 回 ごと	27段平ら 2-1-1 1-1-1]減	31段平ら 2-1-1 1-1-1]減	33段平ら 2-1-1 1-1-1]減	33段平ら 2-1-2 1-1-1]減
② 3段平ら 2-1-3 3-1-1]減	1段平ら 4-1-1 2-1-3 3-1-1]減	3段平ら 4-1-1 2-1-3 3-1-1]減	3段平ら 4-1-1 2-1-4 3-1-1]減	3段平ら 4-1-1 2-1-4 3-1-1]減
③ 1段平ら 8-1-3 9-1-1]増	1段平ら 8-1-4 9-1-1]増	3段平ら 8-1-5 9-1-1]増	3段平ら 8-1-6 9-1-1]増	3段平ら 6-1-7 8-1-2 9-1-1]増
④ 3-1-1減	3-1-1減	3-1-1減	3-1-1減	2-1-1 3-1-1]減

前衿ぐり
ガーター編み
3号針 a色

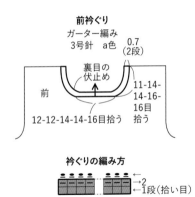

衿ぐりの編み方

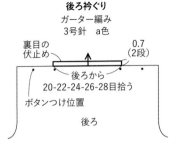

□ = |

後ろ衿ぐり
ガーター編み
3号針 a色

後ろ

編込み模様

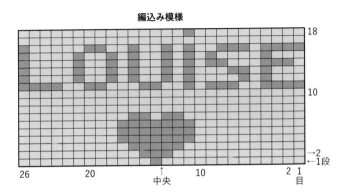

| 26 | 20 | 中央 | 10 | 2 1
目 |

編込み模様

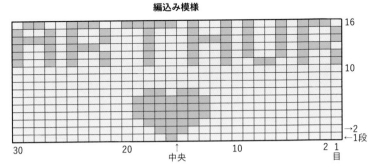

| 30 | 20 | 中央 | 10 | 2 1
目 |

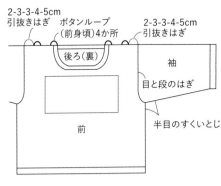

ボタンループの編み方
b色

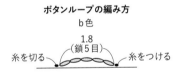

配色

	Louise	Arthur	□ =	
a色	Crème de praline rose （マゼンタピンク/16）	Tisane de bleuet （コバルトブルー/29）
b色	Velouté de champignons （ライトグレー/02）	Flan de sésame （スチールグレー/28）

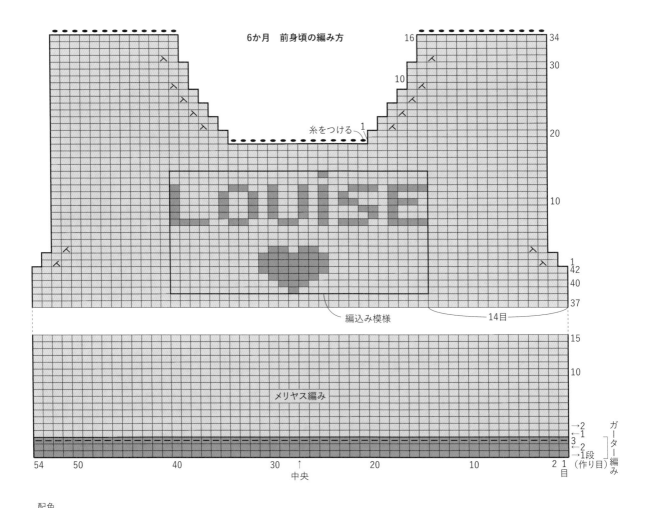

6か月　前身頃の編み方

糸をつける

LOUISE

編込み模様

14目

メリヤス編み

中央

ガーター編み

配色

		Louise		Arthur
a色		Crème de praline rose （マゼンタピンク/16）		Tisane de bleuet （コバルトブルー/29）
b色		Velouté de champignons （ライトグレー/02）		Flan de sésame （スチールグレー/28）

□ = □

編込み図案

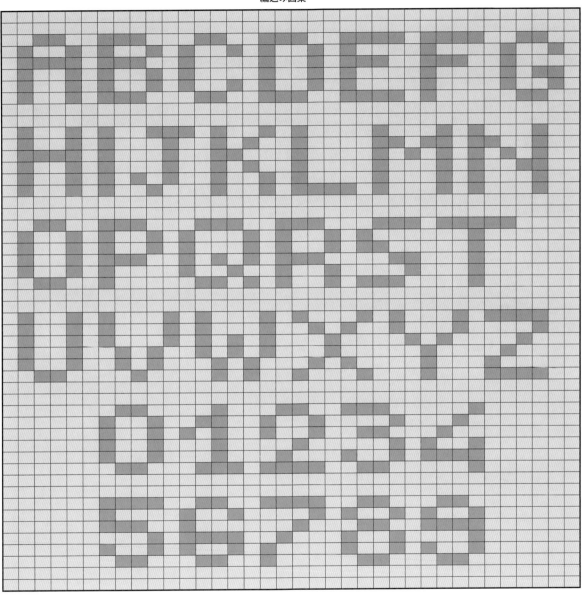

□ = 1

le béguin Louise et Arthur

ボンネット　編み方ポイント

糸は1本どりで、指定の配色で編みます。
本体、ひもはそれぞれ指に糸をかける方法で作り目をして編み始めます。本体はガーター編みでp.75の図のように編みます。最終段は減らしながら伏止めにします。ひもは編み目を針の右端にスライドさせて、毎段同じ方向から編みます（i-cord）。30cm編めたら、本体から拾いながらi-cordを編みつけます。続けてひもをi-cordで30cm編みます。編終りは伏止めにします。

新生児-3か月-6か月-12か月-18か月
サイズ別の表示がない部分は共通

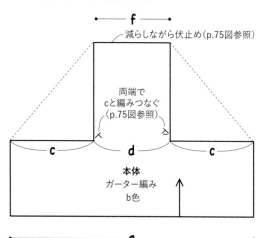

減らしながら伏止め(p.75図参照)

両端で
cと編みつなぐ
(p.75図参照)

本体
ガーター編み
b色

ひも
i-cord　a色

伏止め

30

本体を
拾いながら
編みつける

30

0.7(3目)
作り目

i-cordの編み方

☆=本体を拾いながら
編みつける

本体の★から
1目拾う

◎=糸を向う側から
編始め側に戻し
同方向にぐるぐる
30cmまで編む

□= [１]

3　1
目

2
←1段
(作り目)

a 33-35-37-39-41cm
　　（70-74-78-82-86目）作り目

b 10-11-12-13-14cm
　　（38-40-44-48-52段）

c 24-25-26-27-28目

d 22-24-26-28-30目

e 13-13.5-14-14.5-15cm
　　（48-50-52-54-56段）

f 14-15-16-17-18目

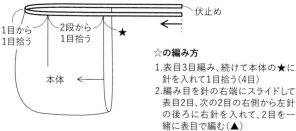

伏止め

1目から
1目拾う

2段から
1目拾う

★

本体

☆の編み方

1. 表目3目編み、続けて本体の★に針を入れて1目拾う（4目）
2. 編み目を針の右端にスライドして表目2目、次の2目の右側から左針の後ろに右針を入れて、2目を一緒に表目で編む（▲）
3. 表目3目編み、★で拾った2段上から1目拾う（4目）
4. 2、3を繰り返す

配色

		Louise	Arthur
a色		Crème de praline rose （マゼンタピンク/16）	Tisane de bleuet （コバルトブルー/29）
b色		Velouté de champignons （ライトグレー/02）	Flan de sésame （スチールグレー/28）

Les belles matières de la droguerie ラ・ドログリーの毛糸

私たちは上質の素材とカラーバリエーションにこだわった毛糸を作っています。
この本で使用している糸をご紹介しましょう。

〜〜〜〜〜〜

Alpaga　アルパカ

アルパカの梳毛（そもう）100％の糸です。梳毛糸とは毛をすいて良質の長い繊維だけにしたものです。アルパカの毛はやわらかくて肌触りがよく、とてもあたたかくて丈夫です。毛玉ができにくく、使うほどに味わいが出るのもその特徴です。
アルパカはラマと同じラクダ科の動物で、アンデス山脈の標高4000m以上の高原地帯で育てられます。気候の厳しい高地で育てることで、密で上質な毛を取ることができるのです。
糸長 約346m（378ヤード）＝100g　**太さ** 中細

Duvet d'Anjou　デュベ ダンジュ

アンゴラウサギの毛30％、ウール70％の糸です。フランス北西部アンジュー地方で育てられる、真っ白で長い毛を持つアンゴラウサギの毛を使用しています。アンゴラウサギの毛はどんどん伸びるため、定期的にブラッシングをして採毛します。
肌触りがよく、空気を含んだとてもやわらかであたたかい糸です。
Duvet d'Anjouには、Crème fraîche（生クリーム／オフホワイト）、Romarin（ローズマリー／ひすい色）、Courge musquée farcie（かぼちゃのファルシ／ライトブラウン）、Velouté de champignons（キノコのポタージュ／ライトグレー）など、すべてのカラーに味覚を刺激するような名前がつけられています。
糸長 約330m（360ヤード）＝100g　**太さ** 中細

Douce Highland ドゥース ハイランド／mini.B ミニベ

ウールの梳毛（そもう）100％の糸です。Douce Highlandとmini.Bは丈夫でやわらかく滑らかな糸です。
気温が低く、気候の厳しい高地で育てられた羊から取れるピュアウールを使用しています。刈り取った毛は選り分けてから、洗いにかけて汚れを落とします。さらに毛をすくことにより、良質で美しく貴重な長い繊維だけを残します。やわらかくあたたかいウールヤーンは小さなお子さまにもぴったりです。
2〜5号針程度の細い針で編む作品にはDouce highlandがおすすめです。10号針がお好きなかたにはmini.Bがぴったりです。
mini.bには、Brebis（牝羊／オフホワイト）、Blush（チーク／サーモンピンク）、Bois blond（ブロンドウッド／れんが色）、Baleine（クジラ／紺）など、すべてのカラーにフランス語の"B"から始まる名前がつけられています。
Douce Highland ドゥース ハイランド
糸長 約460m（503ヤード）＝100g　**太さ** 合細
mini.B ミニベ
糸長 約210m（230ヤード）＝100g　**太さ** 並太

Surnaturelle　シュールナチュレル

メリノウール100％の糸です。生後初めての春に刈り取ったメリノ種の羊毛だけを使用しています。初めて刈り取った毛は細く、やわらかく、きれいで新品そのもの。
Surnaturelleは梳毛（そもう）糸です。梳毛糸とは毛をすいて良質で美しく貴重な繊維だけにしたものです。メリノ種の羊毛は滑らかで耐久性に優れ、またそのやわらかさとあたたかさが特徴です。チクチクしないため、肌の弱いかたにもおすすめです。丈夫で長持ちし、お手入れもしやすいので、赤ちゃんやお子さま用として理想的な毛糸です。
糸長 約350m（383ヤード）＝100g　**太さ** 中細

l'ensemble Ninon

アンサンブル "ニノン"

写真 p.12

サイズ：新生児 - 3か月 - 6か月 - 12か月 - 18か月
レベル ⬤⬤⬤⬜⬜

材料

カーディガン
糸 *la droguerie*
Duvet d'Anjou デュベ ダンジュ
（70% ウール、30% アンゴラ）
col. Courge musquée farcie（ライトブラウン / 23）：
80 - 100 - 120 - 150 - 180g
針 6号2本棒針、縄編み針
ボタン Olivier ptit bourrelet 4 trous 直径15mm
col. Naturel：2個

ボンネット
糸 *la droguerie*
Duvet d'Anjou デュベ ダンジュ
（70% ウール、30% アンゴラ）
col. Crème fraîche（オフホワイト / 01）：
40 - 40 - 50 - 50 - 60g
針 6号2本、4本棒針、縄編み針

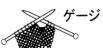
ゲージ

カーディガン
ガーター編み、模様編み：21目31段が10cm四方
※模様編み部分と高さがそろうように、ガーター編み
　部分を伸ばした状態ではかる

ボンネット
ガーター編み：21目37段が10cm四方

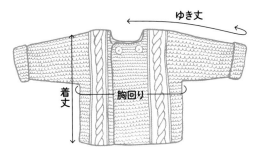

サイズ
胸回り：46 - 50 - 54 - 60 - 64cm
着　丈：22 - 24 - 27.5 - 30 - 33.5cm
ゆき丈：23.5 - 27.5 - 32 - 36 - 41cm

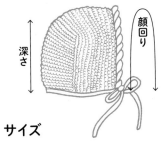

サイズ
顔回り：34 - 36 - 38 - 40 - 41.5cm
深　さ：13.5 - 14 - 14.5 - 15 - 15.5cm

la brassière Ninon

カーディガン　編み方ポイント

糸は1本どりで編みます。

後ろ身頃の裾から、指に糸をかける方法で作り目をして編み始め、ガーター編みと模様編みで編みます。模様編みの3段めで増し目をします。袖下の増し目は巻増し目にします。後ろ衿ぐりを伏せ目にします。右袖を休み目にして、左袖を編みます。前衿ぐりの作り目をして左袖、左前を編みます。左前の指定位置にボタン穴をあけます。袖下の減し目は伏せ目にします。裾の模様編みの指定位置で減し目をします。編終りはゆるめに裏目で伏止めにします。右袖、右前は休み目から拾って、左右対称に編みます。脇をすくいとじ、袖下をメリヤスはぎにします。右前にボタンをつけます。

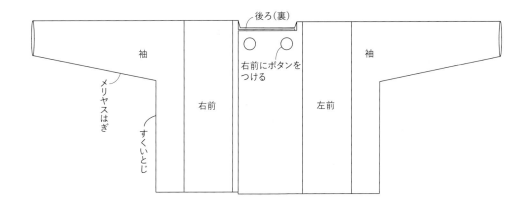

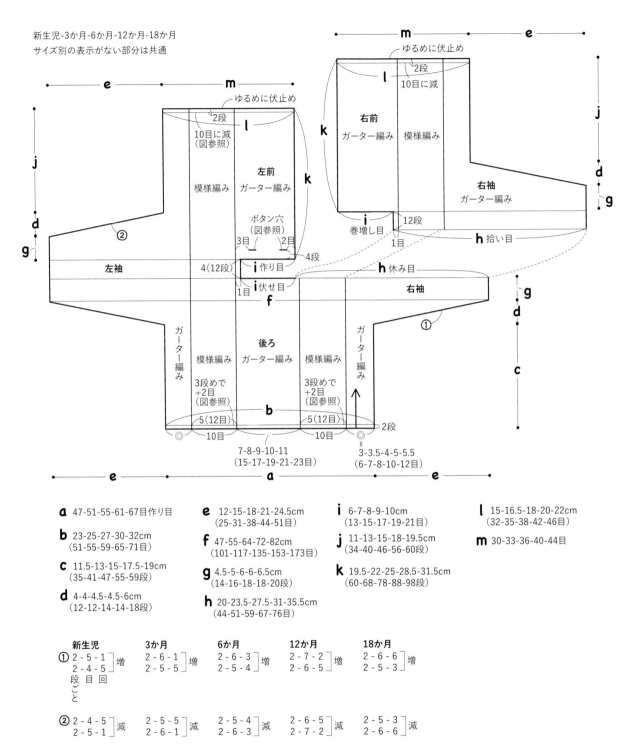

新生児-3か月-6か月-12か月-18か月
サイズ別の表示がない部分は共通

図中の文字

ゆるめに伏止め
2段
10目に減（図参照）

右前
ガーター編み　模様編み

右袖
ガーター編み

k

m　e

j　d　g

左前
ガーター編み
模様編み
ボタン穴（図参照）
3目　2目　4段
4（12段）　i 作り目
1目　i 伏せ目

左袖

② g d j e m

ゆるめに伏止め
2段
10目に減（図参照）

i 巻増し目　12段　1目
h 拾い目

h 休み目
f
右袖
①
g d c

ガーター編み

後ろ
模様編み　ガーター編み　模様編み
3段めで+2目（図参照）　3段めで+2目（図参照）
5（12目）　b　5（12目）
10目　10目　2段

ガーター編み

7-8-9-10-11
（15-17-19-21-23目）

3-3.5-4-5-5.5
（6-7-8-10-12目）

e　a　e

a 47-51-55-61-67目作り目

b 23-25-27-30-32cm
（51-55-59-65-71目）

c 11.5-13-15-17.5-19cm
（35-41-47-55-59段）

d 4-4-4.5-4.5-6cm
（12-12-14-14-18段）

e 12-15-18-21-24.5cm
（25-31-38-44-51目）

f 47-55-64-72-82cm
（101-117-135-153-173目）

g 4.5-5-6-6-6.5cm
（14-16-18-18-20段）

h 20-23.5-27.5-31-35.5cm
（44-51-59-67-76目）

i 6-7-8-9-10cm
（13-15-17-19-21目）

j 11-13-15-18-19.5cm
（34-40-46-56-60段）

k 19.5-22-25-28.5-31.5cm
（60-68-78-88-98段）

l 15-16.5-18-20-22cm
（32-35-38-42-46目）

m 30-33-36-40-44目

	新生児	3か月	6か月	12か月	18か月
①	2 - 5 - 1 2 - 4 - 5 〕増 段 目 回 ご と	2 - 6 - 1 2 - 5 - 5 〕増	2 - 6 - 3 2 - 5 - 4 〕増	2 - 7 - 2 2 - 6 - 5 〕増	2 - 6 - 6 2 - 5 - 3 〕増
②	2 - 4 - 5 2 - 5 - 1 〕減	2 - 5 - 5 2 - 6 - 1 〕減	2 - 5 - 4 2 - 6 - 3 〕減	2 - 6 - 5 2 - 7 - 2 〕減	2 - 5 - 3 2 - 6 - 6 〕減

ガーター編み、模様編み、後ろ衿ぐり、前衿ぐり、ボタン穴

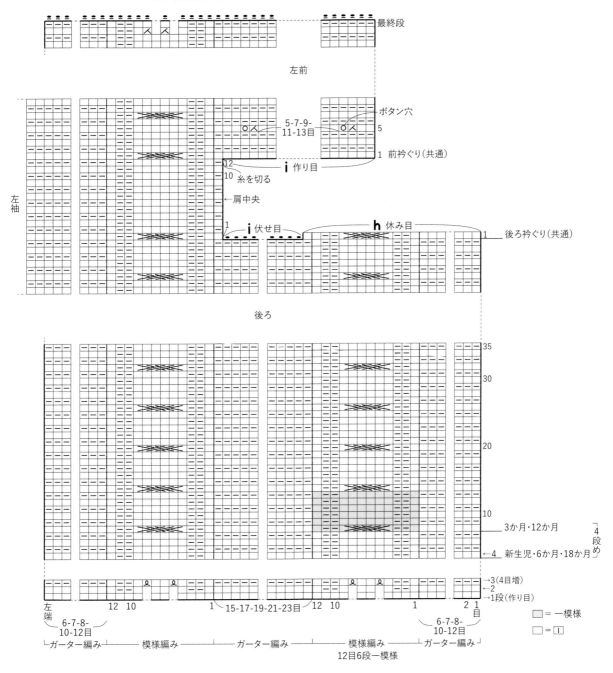

最終段

左前

ボタン穴

5-7-9-
11-13目

5

1 前衿ぐり(共通)

12

i 作り目

10 糸を切る

← 肩中央

1 i 伏せ目   h 休み目

1 後ろ衿ぐり(共通)

後ろ

左袖

35

30

20

10

3か月・12か月

←4 新生児・6か月・18か月

4段め

→3(4目増)
←2
→1段(作り目)

左端

6-7-8-
10-12目

12 10

1 15-17-19-21-23目

12 10

1

2 1

目

6-7-8-
10-12目

└ガーター編み┘├── 模様編み ──┤├── ガーター編み ──┤├── 模様編み ──┤├ガーター編み┘
12目6段一模様

☐ = 一模様

☐ = ❘

69

6か月　後ろ身頃、右袖、左袖の編み方

72ページへ続く

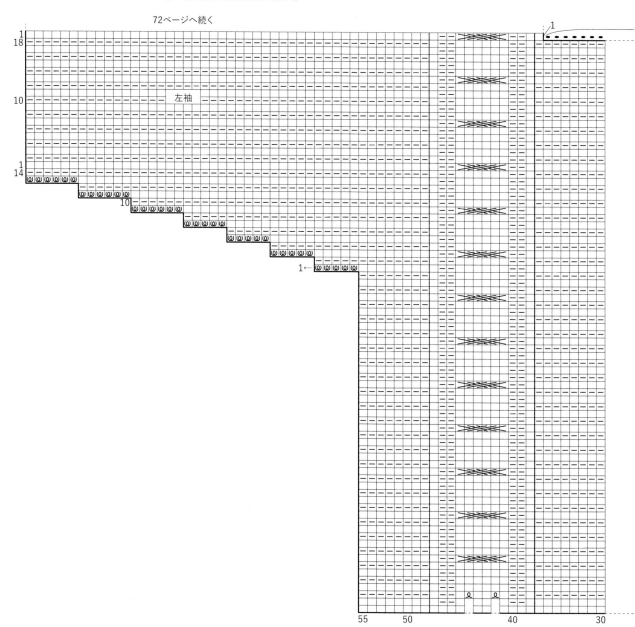

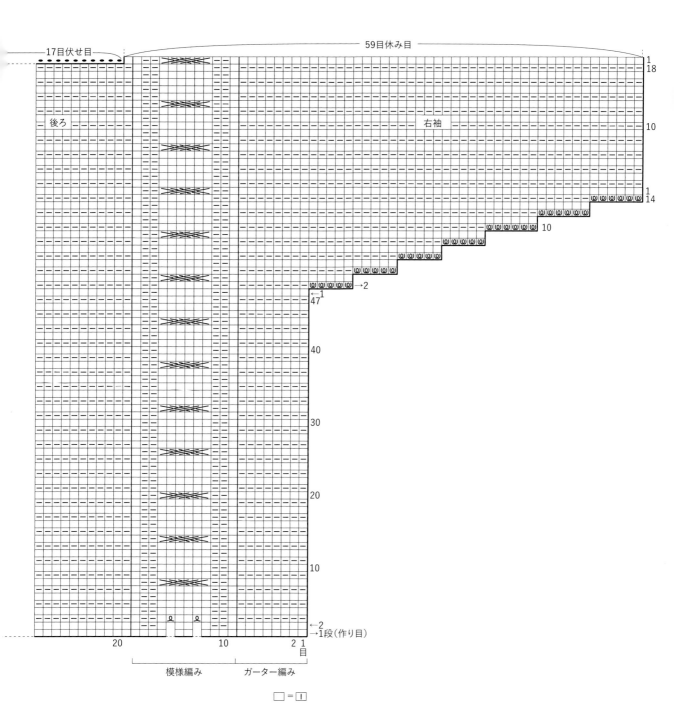

17目伏せ目

59目休み目

後ろ

右袖

模様編み

ガーター編み

□ = □

6か月 左袖、左前の編み方

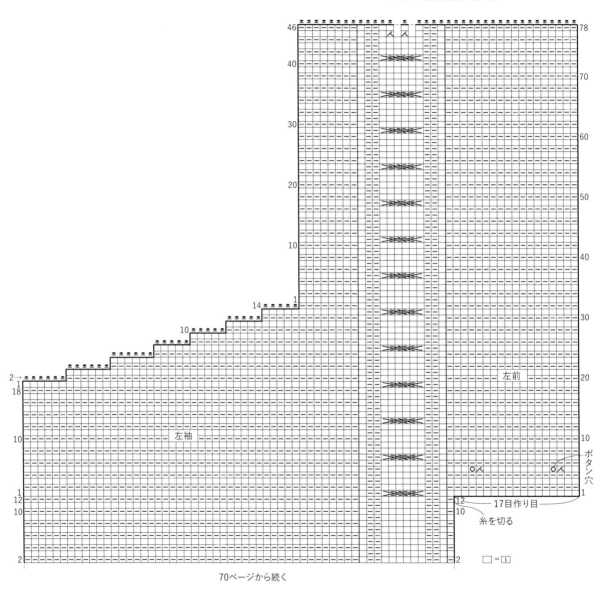

左袖

左前

ボタン穴

17目作り目

糸を切る

□ = ①

70ページから続く

6か月　右袖、右前の編み方

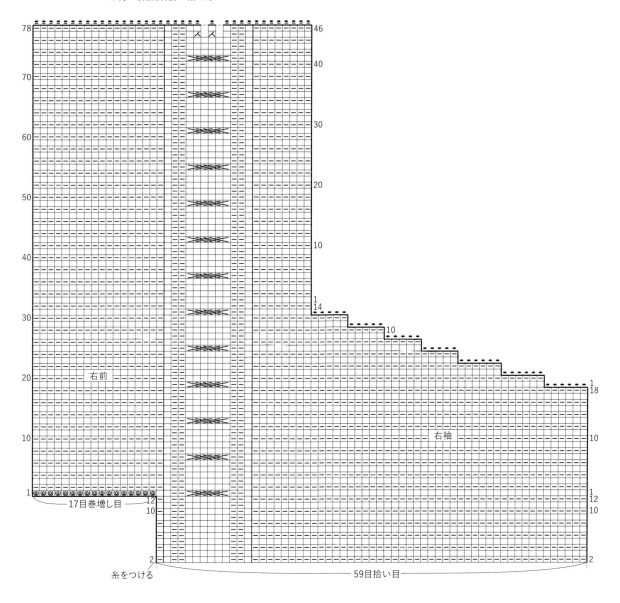

78
70
60
50
40
30
20
10
1

46
40
30
20
10
1
14
10
1
18
10
1
12
10
2

右前

17目巻増し目

12
10
2

糸をつける

右袖

59目拾い目

le béguin Ninon

ボンネット　編み方ポイント

糸は1本どりで編みます。

かぶり口、ひもはそれぞれ指に糸をかける方法で作り目をして編み始めます。かぶり口は編始めと終りを図のように増減しながら編みます。模様編みで編み、編終りは前段と同じ記号で伏止めにします。本体はかぶり口の左端の1目内側から拾い目をして、ガーター編みで図のように編みます。最終段は減らしながら伏止めにします。ひもは編み目を針の右端にスライドさせて、毎段同じ方向から編みます（i-cord）。30cm編めたら、本体から拾いながらi-cordを編みつけます。続けてひもをi-cordで30cm編みます。編終りは伏止めにします。

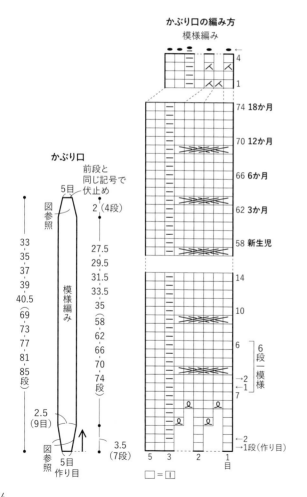

かぶり口の編み方
模様編み

かぶり口
5目
前段と同じ記号で伏止め

33
35
37
39
40.5
(69)
73
77
81
85段)

2.5
(9目)

図参照

5目作り目

2（4段）

27.5
29.5
31.5
33.5
35
(58)
62
66
70
74段)

3.5
(7段)

74 **18か月**
70 **12か月**
66 **6か月**
62 **3か月**
58 **新生児**

14
10
6

6段一模様

←2
←1
7

←2
←1段（作り目）

5　3　2　1目

□ = □

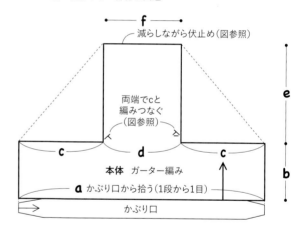

新生児-3か月-6か月-12か月-18か月
サイズ別の表示がない部分は共通

f ── 減らしながら伏止め（図参照）

両端でcと編みつなぐ（図参照）

c　　　**d**　　　**c**

本体　ガーター編み

a かぶり口から拾う（1段から1目）

かぶり口

e

b

a 70-74-78-82-86目拾い目

b 7.5-8.5-9.5-10.5-11.5cm
（28-32-36-38-42段）

c 24-25-26-27-28目

d 22-24-26-28-30目

e 13-13.5-14-14.5-15cm
（48-50-52-54-56段）

f 14-15-16-17-18目

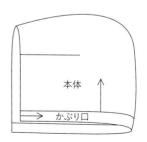

本体

かぶり口

74

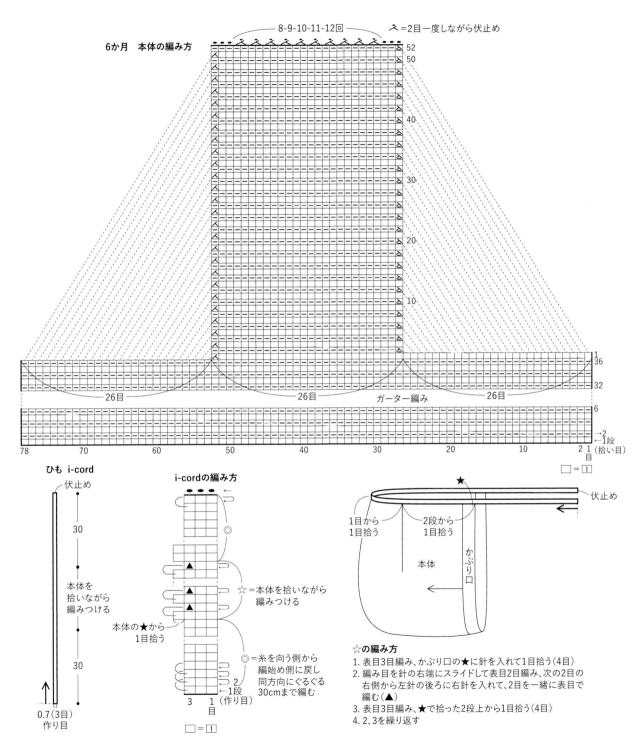

6か月　本体の編み方

8-9-10-11-12回

え=2目一度しながら伏止め

52
50
40
30
20
10

1
36
32
6

26目　　26目　　26目　ガーター編み

→2
←1段
（拾い目）

78　70　60　50　40　30　20　10　2 1目

□=□

ひも i-cord

伏止め

30

本体を
拾いながら
編みつける

30

0.7（3目）
作り目

i-cordの編み方

☆=本体を拾いながら
編みつける

本体の★から
1目拾う

◎=糸を向う側から
編始め側に戻し
同方向にぐるぐる
30cmまで編む

3 2 1
1
目

2
1段
（作り目）

□=□

★

1目から
1目拾う

2段から
1目拾う

伏止め

本体

かぶり口

☆の編み方
1. 表目3目編み、かぶり口の★に針を入れて1目拾う（4目）
2. 編み目を針の右端にスライドして表目2目編み、次の2目の
　 右側から左針の後ろに右針を入れて、2目を一緒に表目で
　 編む（▲）
3. 表目3目編み、★で拾った2段上から1目拾う（4目）
4. 2、3を繰り返す

le plaid Ninon
ブランケット"ニノン"
写真　p.13

サイズ：50×64cm
レベル ⬤⬤⬤⬜⬜

材料

糸 la droguerie
Duvet d'Anjou デュベ ダンジュ
（70% ウール、30% アンゴラ）
col. Romarin（ひすい色 / 14）：140g
針 8号2本棒針、縄編み針

ゲージ

模様編み：23目31段が10cm四方

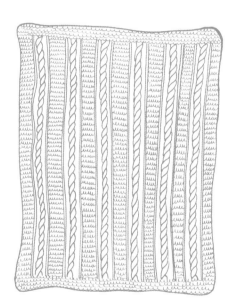

編み方ポイント

糸は1本どりで編みます。
指に糸をかける方法で作り目をして編み始め、ガーター編みで
編みます。続けて模様編みで編みますが、1段めの指定位置で
増し目をします。増減なく180段編みます。ガーター編みの1
段めで減し目をして9段編み、裏から表目で伏止めにします。

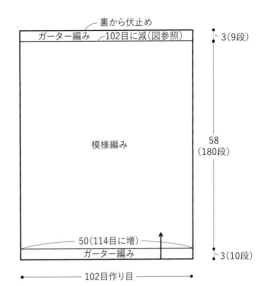

裏から伏止め
ガーター編み　102目に減(図参照) ‥3(9段)

模様編み　　58(180段)

50(114目に増)
ガーター編み ‥3(10段)

102目作り目

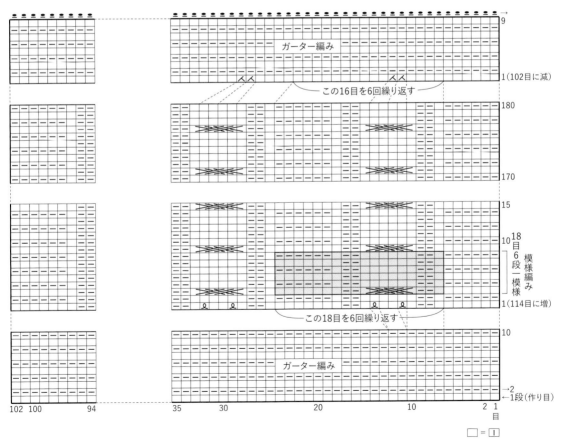

ガーター編み

この16目を6回繰り返す

9

1(102目に減)

180

170

15

10

模様編み

18目6段一模様

1(114目に増)

この18目を6回繰り返す

10

ガーター編み

→2
←1段(作り目)

102 100　　94　　35　　30　　　20　　　10　　2 1
目

□ = ［１］

l'ensemble Clémence
アンサンブル "クレマンス"

写真　p.8

パンツ

サイズ：新生児 - 3か月 - 6か月 - 12か月 - 18か月

レベル ⬤○○○○

材料

糸 *la droguerie*
mini.B ミニベ（100% ピュアウール）
col. Blush（サーモンピンク / 10）：
110 - 130 - 150 - 180 - 210g
針 6号、10号2本棒針

ゲージ

ガーター編み：20目34段が10cm四方

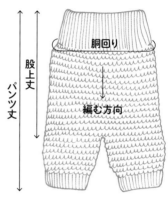

サイズ

胴 回 り：45 - 49 - 53 - 57 - 61cm
パンツ丈：36 - 40 - 44 - 49 - 54cm
股 上 丈：25 - 27 - 30 - 33 - 37cm

le pantalon Clémence

パンツ　編み方ポイント

糸は1本どりで、指定の針の号数で編みます。
6号針で指に糸をかける方法で作り目をしてウエストから編み始め、1目ゴム編みで編みます。10号針に替えて、続けて前後パンツをガーター編みで編みます。中心の目の両側で増しながら編みます。中央の1目を伏せ目にし、右足と左足に分けて編みます。股下は減らしながら編みます。6号針に替えて、1目ゴム編みを編み、編終りはゆるめに伏止めにします。同じものを2枚編みます。脇、股下をすくいとじにしますが、1目ゴム編み部分は半目をすくいます。

新生児-3か月-6か月-12か月-18か月
サイズ別の表示がない部分は共通

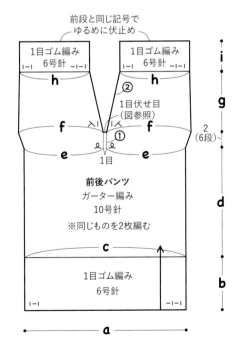

a 45-49-53-57-61目作り目

b 7-8-9-10-11cm
（17-21-23-25-27段）

c 22.5-24.5-26.5-28.5-30.5cm
（45-49-53-57-61目）

d 16-17-19-21-24cm
（54-58-64-72-82段）

e 22-24-26-28-30目

f 25-27-29-31-33目

g 7-9-10-11-12cm
（24-30-34-38-40段）

h 9.5-10.5-11.5-12.5-13.5cm
（19-21-23-25-27目）

i 4-4-4-5-5cm
（10-10-10-12-12段）

① 共通
1段平ら
| 2 - 1 - 2 |
| 1 - 1 - 1 | 増
段　目　回
ごと

② 新生児
3段平ら
| 4 - 1 - 4 |
| 2 - 1 - 1 | 減
| 3 - 1 - 1 |

3か月
5段平ら
| 4 - 1 - 5 |
| 5 - 1 - 1 | 減

6か月
5段平ら
| 6 - 1 - 2 |
| 4 - 1 - 3 | 減
| 5 - 1 - 1 |

12か月
5段平ら
| 6 - 1 - 4 |
| 4 - 1 - 1 | 減
| 5 - 1 - 1 |

18か月
3段平ら
| 6 - 1 - 5 |
| 7 - 1 - 1 | 減

図中の文字

前段と同じ記号で
ゆるめに伏止め

1目ゴム編み
6号針

1目伏せ目
（図参照）

前後パンツ
ガーター編み
10号針

※同じものを2枚編む

1目ゴム編み
6号針

1目

2
（6段）

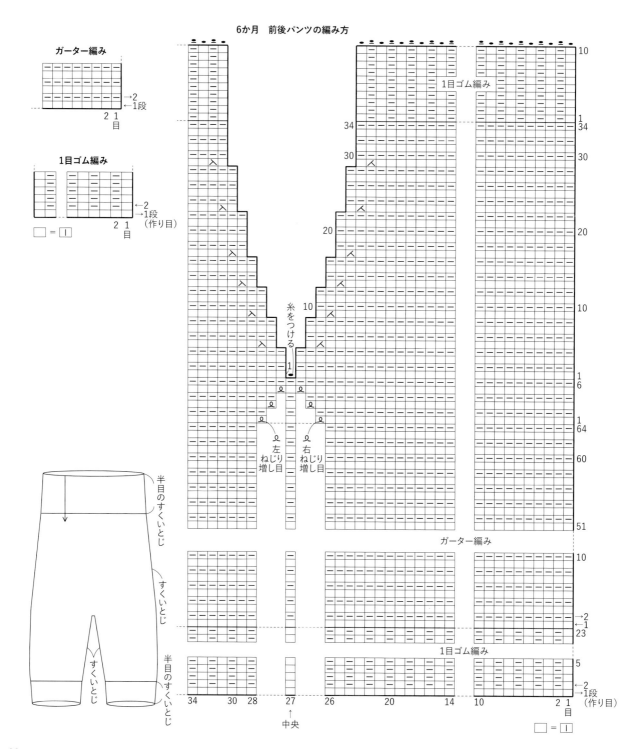

ガーター編み

1目ゴム編み

□ = Ｉ

6か月　前後パンツの編み方

1目ゴム編み

34
30
20
10
6
64
60
51

糸をつける

左ねじり増し目　右ねじり増し目

中央

ガーター編み

1目ゴム編み

34　30　28　　27　　26　　20　　14　　10　　2 1目

半目のすくいとじ

すくいとじ

半目のすくいとじ

すくいとじ

la combinaison Lou
コンビネゾン "ルゥ"

写真　p.14

サイズ：新生児 - 3か月 - 6か月 - 12か月 - 18か月
レベル ⬤◯◯◯◯

 材料

糸 la droguerie
Alpaga アルパカ (100% アルパカ)
col. Falaise（ライトベージュ / 28）：
70 - 90 - 100 - 120 - 140g
針 2号、5号2本棒針
ボタン Akoya rond 2 trous (col. Naturel)
直径13mmを6個、直径10mmを7個

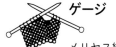 **ゲージ**

メリヤス編み：26目35段が10cm四方

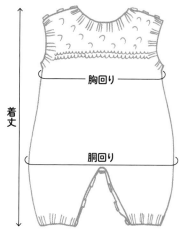

サイズ

胴回り：53 - 56 - 59 - 62 - 66cm
胸回り：42 - 46 - 48 - 52 - 55cm
着　丈：38 - 43 - 49 - 55 - 61cm

編み方ポイント

糸は1本どりで、指定の針の号数で編みます。
後ろ身頃は、指に糸をかける方法で作り目をして編み始め、足首を2目ゴム編みと裏メリヤス編み、パンツをメリヤス編みで、ねじり増し目で増しながら編みます。両パンツを同様に編み、2枚めのパンツの編終りから続けて身頃の1段めを編み、巻き目の作り目をしてもう1枚とつなげます。メリヤス編みで脇を減らしながら編みます。続けて、ヨークをガーター編みとメリヤス編みで、袖ぐりと衿ぐりを減らしながら編み、肩は伏止め

にします。前身頃も同様に編みますが、ヨークはメリヤス編みとガーター編み、模様編みで編みます。脇を半目のすくいとじにします。袖ぐり、前衿ぐり、後ろ衿ぐりにそれぞれ2号針で2目ゴム編みを編みます。前後股下に5号針で縁編みを編みます。前股下にはボタン穴をあけ、後ろ股下にはボタンをつけます。左右の前肩にボタンループを作り、後ろ肩にボタンをつけます。

新生児-3か月-6か月-12か月-18か月
サイズ別の表示がない部分は共通

1.6
（鎖4目）
糸を切る　糸をつける

衿ぐり・袖ぐり
2目ゴム編み
2号針

左右の前肩に
ボタンループを
作る（各3か所）

前段と同じ
記号で伏止め

2
（7段）

‒k‒ ‒l‒ ‒k‒
伏止め　　伏止め

後ろヨーク
メリヤス編み　5号針
前ヨーク
模様編み　5号針

j
h
③

g
ガーター
編み
（3段）
i
メリヤス編み（4段）

2-2-2
1-3-1
減

m
n

前段と同じ
記号で伏止め

すくいとじ

f

前後
メリヤス編み
5号針
②

e

|人　　　　　　　入|

d 1段めで1目作る

||人　　　　　　入||

c
メリヤス編み
5号針
裏メリヤス編み

c
メリヤス編み
5号針
①
裏メリヤス編み

後ろ股下
縁編み
5号針

o

伏止め

0.5
（1段）

前股下
縁編み
5号針

o

指定位置に
ボタン穴を作る

6-9-12-14-17目

7-9-11-15-17目

6-9-12-14-17目

伏止め

0.5
（2段）

b

0.5
（2段）
2
（7段）

2目ゴム編み
2目
ゴム
針
2目ゴム編み

‒a‒　　　‒a‒
新生児・12か月
3か月・6か月・18か月
||‒‒ ‒‒||
|‒‒ ||‒‒|

後ろ股下の縁編み
←1（拾い目）
□ = |

前股下の縁編み
ボタン穴
←2
←1（拾い目）
ボタンの間隔

a 26-28-32-34-36作り目

b 8-10.5-13.5-16.5-19.5cm
（28-38-48-58-68段）

c 13-14-15-15.5-16cm
（34-36-38-40-42目）

d 26.5-28-29.5-31-33cm
（69-73-77-81-85目）

e 17-19-21-23-25cm
（60-66-74-80-88段）

f 21-23-24-26-27.5cm
（55-59-63-67-71目）

g 10.5-11-12-13-14cm
（36-38-42-46-50段）

h 9-9-7-9-11目伏せ目

i 5.5-5.5-5.5-7-8cm
（20-20-20-24-28段）

j 4.5-5-6-6-6cm
（16-18-22-22-22段）

k 3.5-4-4.5-5-5cm
（9-10-11-12-12目）

l 9-9.5-10.5-11-12.5cm
（23-25-27-29-33段）

m 42-46-50-54-58目拾い目

n 64-70-76-82-88目拾い目

o 54-70-86-102-118目拾い目

	新生児	3か月	6か月	12か月	18か月
①	7段平ら	9段平ら	13段平ら	17段平ら	17段平ら
	6-1-3 増	8-1-3 増	12-1-2 増	16-1-1	18-1-2 増
	3-1-1	5-1-1	11-1-1	14-1-1 増	15-1-1
	段目回ごと			11-1-1	
②	7段平ら	9段平ら	9段平ら	11段平ら	11段平ら
	6-1-1	8-1-6 減	8-1-2 減	10-1-6 減	10-1-3
	8-1-5 減	9-1-1	10-1-4	9-1-1	12-1-3 減
	7-1-1		9-1-1		11-1-1
③	4段平ら	4段平ら	6段平ら	6段平ら	6段平ら
	4-1-1	4-1-2	4-1-2 減	4-1-2 減	4-1-2 減
	2-1-2 減	2-1-1 減	2-1-1	2-1-1	2-1-1
	2-2-2	2-2-1	2-2-1	2-2-2	2-2-2
		2-3-1	2-3-1		2-3-1

6か月　脇、股下の増し方

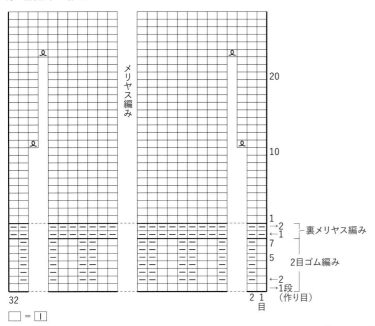

メリヤス編み

1
→2
←1
7
5
←2
←1段

裏メリヤス編み

2目ゴム編み

（作り目）

32

2目

□ = I

6か月　脇の減し方

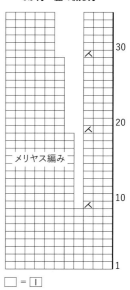

メリヤス編み

30

20

10

1

□ = I

6か月　前身頃の袖ぐりと
衿ぐりの減し方とヨークの模様編み

（後ろヨークは模様編み部分を
メリヤス編みで編む）

前衿ぐり

前中央　糸をつける　5
　　　　　　　　1

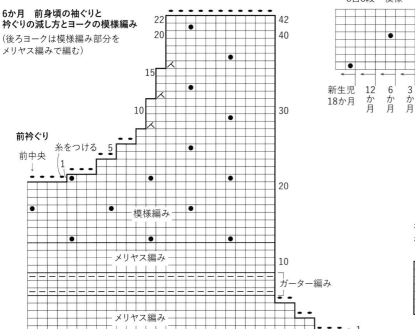

模様編み

メリヤス編み

ガーター編み

メリヤス編み

←1
74

22
20
15
10
42
40
30
20
10

前ヨークの模様編み
8目8段一模様

新生児　12　6　3
18か月　か　か　か
　　　　月　月　月

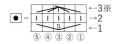

● =

←3※
→2
←1

⑤ ④ ③ ② ①

※3段めの編み方
①②③の目を1目ずつ右針に移し、
④⑤の目を左上2目一度にし、
右針の3目をかぶせる

5　編出し5目

表目　かけ目
　　表目
表目　かけ目
　　　表目

1目に5目を編み入れて増す

袖ぐりの2目ゴム編み（端目は指定位置）
衿ぐりの2目ゴム編み（端目は表目2目）

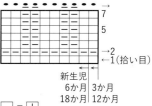

→
7
5
→2
←1（拾い目）

新生児
6か月　3か月
18か月　12か月

□ = I

83

l'ensemble Juliette
アンサンブル "ジュリエット"

写真　p.18

サイズ：新生児 - 3か月 - 6か月 - 12か月 - 18か月
レベル ●●○○○

材料

カーディガン
糸 *la droguerie*
Douce Highland ドゥース ハイランド（100% ピュアウール）
col. Rosé des prés（ピンク / 17）：
30 - 40 - 50 - 50 - 60g
col. Calisson（黄色 / 18）：30 - 30 - 40 - 50 - 60g
針 3号、5号2本棒針
ボタン Confetti corozo 直径9mm col. Rose fraise：8個

帽子
糸 *la droguerie*
Douce Highland ドゥース ハイランド（100% ピュアウール）
col. Rosé des prés（ピンク / 17）：
20 - 20 - 20 - 30 - 30g
col. Calisson（黄色 / 18）：20 - 20 - 20 - 20 - 30g
針 3号、5号2本棒針

3点セットで編む場合
Douce Highland ドゥース ハイランド
col. Rosé des prés（ピンク / 17）：80 - 90 - 110 - 130 - 150g
col. Calisson（黄色 / 18）：50 - 60 - 70 - 90 - 100g

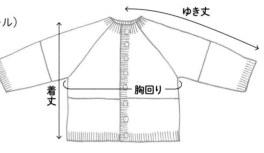

サイズ
胸回り：43.5 - 48 - 53 - 57.5 - 63.5cm
着　丈：21.5 - 24 - 26.5 - 29.5 - 32.5cm
ゆき丈：26.5 - 30 - 33.5 - 36.5 - 39.5cm

サイズ
頭回り：28 - 31 - 34 - 37.5 - 40.5cm
深　さ：11.5 - 14 - 15 - 17 - 19.5cm

ゲージ

カーディガン、帽子共通
メリヤス編み：26目35段が10cm四方

84

le bonnet Juliette

帽子　編み方ポイント

糸は1本どりで、指定の針の号数、配色で編みます。
3号針で指に糸をかける方法で作り目をして、かぶり口から編み始めます。
1目ゴム編みで往復に編み、5号針に替えてメリヤス編みで編みます。トップは減らしながら編みます。外表に輪にし、半目のすくいとじにしますが、1目ゴム編み部分は裏側からとじます。残った目に糸を通して絞ります。

新生児-3か月-6か月-12か月-18か月
サイズ別の表示がない部分は共通

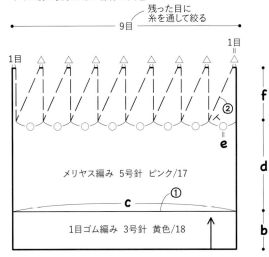

- **a** 91-101-111-121-131目作り目
- **b** 7-7-7-8-8cm
  （29-29-29-33-33段）
- **c** 28-31-34-37.5-40.5cm
  （73-81-89-97-105目に減）
- **d** 8.5-10.5-11-12.5-14.5cm
  （30-36-38-44-50段）
- **e** 9-10-11-12-13目
- **f** 3-3.5-4-4.5-5cm
  （10-12-14-16-18段）

① **新生児-3か月-6か月-12か月-18か月**
 |人||
18-20-22-24-26 回

②
新生児			**3か月**			**6か月**		
1	1	5	1	1	5	1	1	5
2	1	2	2	1	3	2	1	4
1	1	1	1	1	1	1	1	1

段ごと　段　目　回　　減

12か月			**18か月**		
1	1	5	1	1	5
2	1	5	2	1	6
1	1	1	1	1	1

減

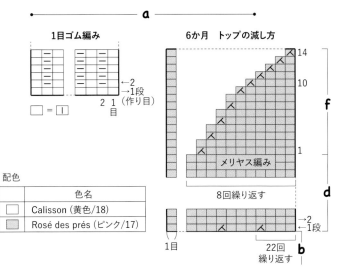

1目ゴム編み

←2
→1段
（作り目）
2 1 目

□ = |

6か月　トップの減し方

メリヤス編み
8回繰り返す

22回
繰り返す
1目

配色

	色名
□	Calisson（黄色/18）
▨	Rosé des prés（ピンク/17）

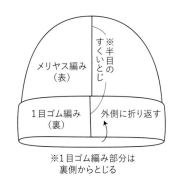

※半目のすくいとじ

メリヤス編み
（表）

1目ゴム編み
（裏）

外側に折り返す

※1目ゴム編み部分は
裏側からとじる

le cardigan Juliette

カーディガン　編み方ポイント

糸は1本どりで、指定の針の号数、配色で編みます。
3号針で衿ぐりから指に糸をかける方法で作り目をして編み始め、1目ゴム編みを編みます。5号針に替え、ヨークをメリヤス編みで図のように増しながら編みます。続けて左前を編みますが、残りの目は休めます。脇側で巻増し目をして編みます。裾は3号針に替え、1段めで増しながら1目ゴム編みを編み、編終りは前段と同じ記号で伏止めにします。左袖、後ろ、右袖はそれぞれ右端を作り目をし、休み目から拾って、左端を巻増し目をして編みます。袖下は減らしながら編みます。右前は、左前と対称に編みます。袖下まちはメリヤスはぎ、脇、袖下を半目のすくいとじにします。前立ては、3号針で前から拾い目をしますが、身頃の色に合わせて途中で色を替えます。色を替えるときは、糸を交差させて編みます。1目ゴム編みで6段編みますが、左前にはボタン穴を作ります。編終りは前段と同じ記号、同じ色で伏止めにします。右前にボタンをつけます。

新生児-3か月-6か月-12か月-18か月
サイズ別の表示がない部分は共通

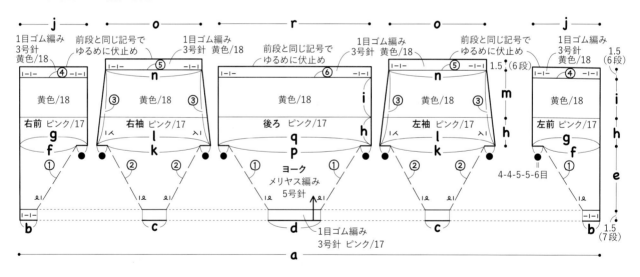

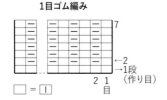

a 51-55-63-67-71目作り目

b 7-8-9-10-11目

c 9-9-11-11-11目

d 19-21-23-25-27目

e 9-10.5-11-12-13cm
（32-36-38-42-46段）

f 8.5-9.5-10.5-11.5-12.5cm
（22-25-27-30-33段）

g 10-11-12.5-13.5-15cm
（26-29-32-35-39目）

h 4-4.5-5.5-6.5-7.5cm
（14-16-20-22-26段）

i 5.5-6-7-8-9cm
（20-22-24-28-32段）

j 33-37-41-45-49目に増

k 13.5-15-16.5-18-19.5cm
（35-39-43-47-51目）

l 16.5-18-20.5-22-24.5cm
（43-47-53-57-63目）

m 6.5-8-9-10-11cm
（22-28-32-36-38段）

n 14-15-16-16.5-17.5cm
（37-39-41-43-45目）

o 47-49-51-53-55目に増

p 19-21-22.5-25-27.5cm
（49-55-59-65-71目）

q 22-24.5-26.5-29-32cm
（57-63-69-75-83目）

r 71-79-87-95-105目に増

	新生児	3か月	6か月	12か月	18か月
①	3段平ら 2 - 1 - 14 ⌉増 1 - 1 - 1 ⌋ 段目回 ごと	3段平ら 2 - 1 - 16 ⌉増 1 - 1 - 1 ⌋	3段平ら 2 - 1 - 17 ⌉増 1 - 1 - 1 ⌋	3段平ら 2 - 1 - 19 ⌉増 1 - 1 - 1 ⌋	3段平ら 2 - 1 - 21 ⌉増 1 - 1 - 1 ⌋
②	3段平ら 2 - 1 - 10 ⌉ 4 - 1 - 2 ⌉増 1 - 1 - 1 ⌋	3段平ら 2 - 1 - 12 ⌉ 4 - 1 - 2 ⌉増 1 - 1 - 1 ⌋	3段平ら 2 - 1 - 13 ⌉ 4 - 1 - 2 ⌉増 1 - 1 - 1 ⌋	3段平ら 2 - 1 - 15 ⌉ 4 - 1 - 2 ⌉増 1 - 1 - 1 ⌋	3段平ら 2 - 1 - 17 ⌉ 4 - 1 - 2 ⌉増 1 - 1 - 1 ⌋
③	7段平ら 10 - 1 - 2 ⌉減 9 - 1 - 1 ⌋	9段平ら 10 - 1 - 1 ⌉ 8 - 1 - 2 ⌉減 9 - 1 - 1 ⌋	7段平ら 8 - 1 - 4 ⌉ 6 - 1 - 1 ⌉減 7 - 1 - 1 ⌋	7段平ら 8 - 1 - 4 ⌉ 6 - 1 - 2 ⌉減 7 - 1 - 1 ⌋	5段平ら 8 - 1 - 2 ⌉ 6 - 1 - 6 ⌉減 7 - 1 - 1 ⌋

④ 新生児-3か月-6か月　　　12か月　　　　18か月

｜―｜♀｜―｜―｜　　　｜―｜―｜♀｜―｜　　　｜―｜―｜―｜♀｜―｜―｜
7-8-9回　　　　　　　　　10回　　　　　　　　10回

⑤ 新生児-3か月-6か月-12か月-18か月

｜―｜♀｜―♀―｜―｜♀｜―｜―♀―｜
　　1-2-2-2-3回　　4回　　1-1-1-2-2回
0-0-1-1-1回

⑥ 新生児-3か月-6か月　　　　　　　　12か月-18か月

｜♀｜―♀―｜―｜♀｜―｜―♀―｜　　｜♀｜―｜―♀―｜―｜♀｜♀｜
2-2-1回　　6-7-8回　　2-1-1回　　　　　9-10回

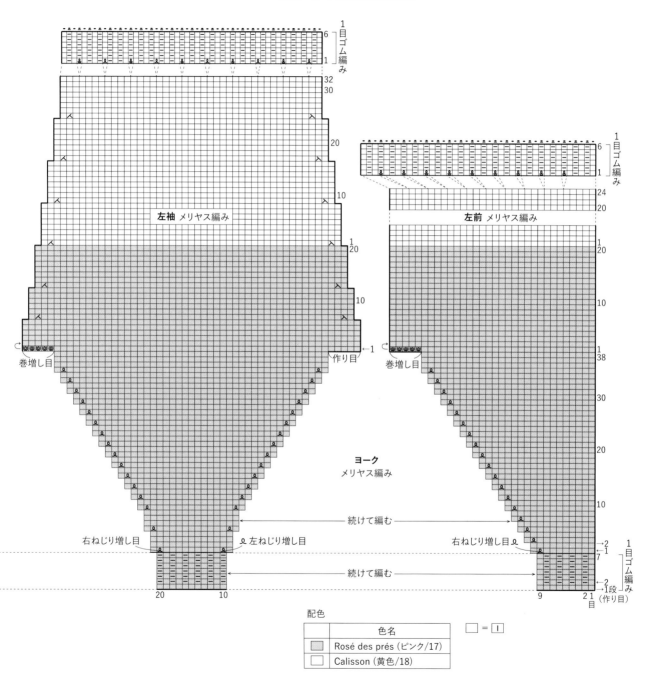

左袖 メリヤス編み

左前 メリヤス編み

ヨーク
メリヤス編み

1目ゴム編み

巻増し目

作り目

右ねじり増し目　左ねじり増し目

右ねじり増し目

続けて編む

続けて編む

配色

	色名
	Rosé des prés（ピンク/17）
	Calisson（黄色/18）

□ = Ｉ

前立て　1目ゴム編み　3号針

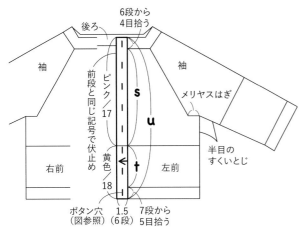

s　46-52-58-64-72目拾う（1段から1目拾う）

t　20-22-24-28-32目拾う（1段から1目拾う）

u　75-83-91-101-113目拾う

右前
ボタンをつける

左前立ての編み方

新生児

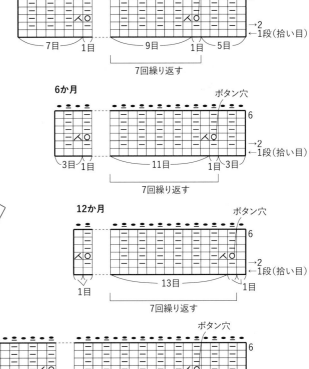

□ = I

le plaid Juliette

ブランケット "ジュリエット"

写真　p.22

サイズ：約60×70cm
レベル ●●●●●

材料

糸 la droguerie
Douce Highland ドゥース ハイランド
（100% ピュアウール）
col. Rosé des prés（ピンク / 17）：70g
col. Calisson（黄色 / 18）：60g
col. Écru（生成り / 01）：30g
col. Bois blond（れんが色 / 11）、
col. Azalée（チェリーピンク / 19）：各5g
針 5号2本棒針
布地 Douce romance bâton col. Beige dune：70×80cm
手縫い糸

ゲージ

メリヤス編み：26目35段が10cm四方

編み方ポイント

糸は1本どりで、指定の配色で編みます。
指に糸をかける方法で作り目をして編み始め、色を替えながらメリヤス編みで編みます。糸は端で縦に渡します。長く渡る糸は切って糸始末をします。編終りはゆるめに伏止めにします。
布地はブランケットの大きさの上下左右にそれぞれ5cmずつプ

ラスしたサイズでカットし、周囲を1cm裏側に折り、さらに4cm折ってアイロンで押さえます。角を図のように仕立て、ブランケットと布地を外表に重ねて、ブランケットの端を布地の端でくるみ、周囲を手縫い糸でまつります。

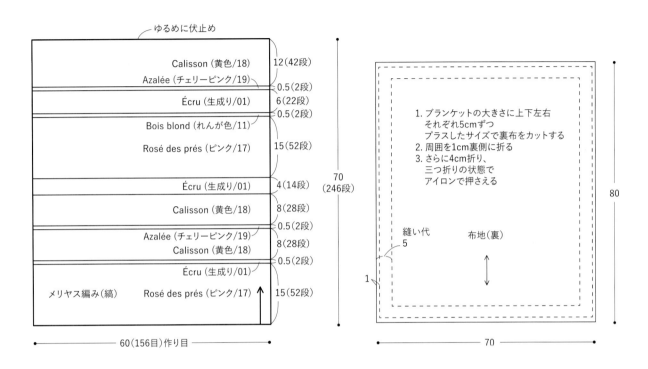

ゆるめに伏止め

Calisson（黄色/18）　12（42段）
Azalée（チェリーピンク/19）　0.5（2段）
Écru（生成り/01）　6（22段）
0.5（2段）
Bois blond（れんが色/11）
Rosé des prés（ピンク/17）　15（52段）

Écru（生成り/01）　4（14段）
Calisson（黄色/18）　8（28段）
0.5（2段）
Azalée（チェリーピンク/19）
Calisson（黄色/18）　8（28段）
0.5（2段）
Écru（生成り/01）
メリヤス編み（縞）　Rosé des prés（ピンク/17）　15（52段）

70
（246段）

60（156目）作り目

1. ブランケットの大きさに上下左右
それぞれ5cmずつ
プラスしたサイズで裏布をカットする
2. 周囲を1cm裏側に折る
3. さらに4cm折り、
三つ折りの状態で
アイロンで押さえる

縫い代
5

布地（裏）

1

80

70

布地の縫い方

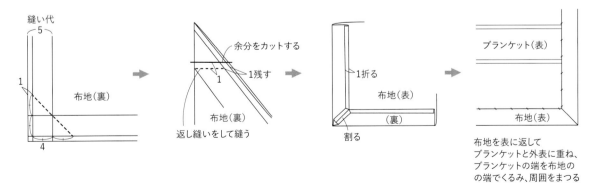

縫い代
5

1
布地（裏）
4

余分をカットする
1残す
1
布地（裏）
返し縫いをして縫う

1折る
布地（表）
（裏）
割る

ブランケット（表）
布地（表）
布地（表）

布地を表に返して
ブランケットと外表に重ね、
ブランケットの端を布地の
の端でくるみ、周囲をまつる

la veste Paul

ジャケット "ポール"

写真　p.24

サイズ：新生児 - 3か月 - 6か月 - 12か月 - 18か月
レベル ●●○○○

材料

糸 la droguerie
Alpaga アルパカ（100% アルパカ）
col. Matin d'automne（青磁色 / 69）：
120 - 140 - 170 - 210 - 240g
針 5号2本棒針
ボタン Olivier gros bourrelet 4 trous
直径22mm：4個、直径15mm：1個

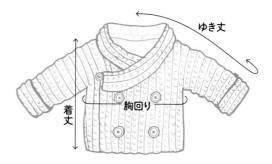

サイズ

胸回り：42 - 48 - 53 - 59 - 64cm
着　丈：22.5 - 25.5 - 28.5 - 31.5 - 34.5cm
ゆき丈：26.5 - 31 - 35 - 39.5 - 44cm

ゲージ

模様編み：28目40段が10cm四方

編み方ポイント

糸は1本どりで編みます。
右前身頃は指に糸をかける方法で作り目をして編み始め、模様編みで編みます。袖下
の増し目は巻増し目、衿ぐりの減し目は伏せ目にします。編終りは休み目にします。
左前身頃は右前と左右対称に編みますが、指定位置にボタン穴をあけます。続けて後
ろ身頃と袖を編みますが、後ろ衿ぐりは巻増し目にし、右前、袖の休み目から拾って
続きを編みます。袖下の減し目は伏せ目にします。編終りは前段と同じ記号で伏止め
にします。衿は身頃と同様に作り目をして、模様編みを編み、編終りは伏止めにします。
脇は半目のすくいとじ、袖下をメリヤスはぎにします。衿を前後身頃の衿ぐりに半目の
すくいとじと目と段のはぎでつけます。左前端上部にボタンループを作り、右前にボタ
ンをつけます。

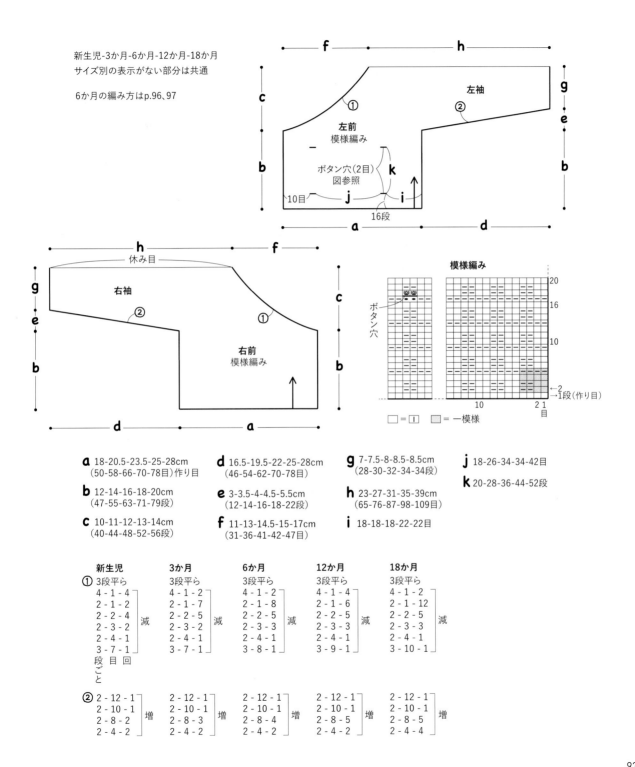

新生児-3か月-6か月-12か月-18か月
サイズ別の表示がない部分は共通

6か月の編み方はp.96、97

左袖

左前
模様編み

ボタン穴(2目)
図参照

10目

16段

右袖

休み目

右前
模様編み

模様編み

ボタン穴

□ = 「|」　▨ = 一模様

a 18-20.5-23.5-25-28cm
(50-58-66-70-78目)作り目

b 12-14-16-18-20cm
(47-55-63-71-79段)

c 10-11-12-13-14cm
(40-44-48-52-56段)

d 16.5-19.5-22-25-28cm
(46-54-62-70-78目)

e 3-3.5-4-4.5-5.5cm
(12-14-16-18-22段)

f 11-13-14.5-15-17cm
(31-36-41-42-47段)

g 7-7.5-8-8.5-8.5cm
(28-30-32-34-34段)

h 23-27-31-35-39cm
(65-76-87-98-109目)

i 18-18-18-22-22目

j 18-26-34-34-42目

k 20-28-36-44-52段

	新生児	3か月	6か月	12か月	18か月
①	3段平ら	3段平ら	3段平ら	3段平ら	3段平ら
	4 - 1 - 4	4 - 1 - 2	4 - 1 - 2	4 - 1 - 4	4 - 1 - 2
	2 - 1 - 2	2 - 1 - 7	2 - 1 - 8	2 - 1 - 6	2 - 1 - 12
	2 - 2 - 4	2 - 2 - 5	2 - 2 - 5	2 - 2 - 5	2 - 2 - 5
	2 - 3 - 2	2 - 3 - 2	2 - 3 - 3	2 - 3 - 3	2 - 3 - 3
	2 - 4 - 1	2 - 4 - 1	2 - 4 - 1	2 - 4 - 1	2 - 4 - 1
	3 - 7 - 1	3 - 7 - 1	3 - 8 - 1	3 - 9 - 1	3 - 10 - 1
減 段目回ごと					

	新生児	3か月	6か月	12か月	18か月
②	2 - 12 - 1	2 - 12 - 1	2 - 12 - 1	2 - 12 - 1	2 - 12 - 1
	2 - 10 - 1	2 - 10 - 1	2 - 10 - 1	2 - 10 - 1	2 - 10 - 1
	2 - 8 - 2	2 - 8 - 3	2 - 8 - 4	2 - 8 - 5	2 - 8 - 5
	2 - 4 - 2	2 - 4 - 2	2 - 4 - 2	2 - 4 - 2	2 - 4 - 4
増					

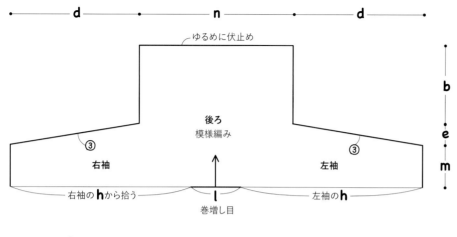

d ・ n ・ d

ゆるめに伏止め

後ろ
模様編み

③

右袖

左袖

右袖の**h**から拾う

巻増し目

左袖の**h**

b 12-14-16-18-20cm
（47-55-63-71-79段）

d 16-19-22-25-28cm
（46-54-62-70-78目）

e 3-3.5-4-4.5-5.5cm
（12-14-16-18-22目）

h 23-27-31-35-39cm
（65-76-87-98-109目）

l 7-8-8.5-9.5-10cm
（20-22-24-26-28目）

m 7.5-8-8.5-9-9cm
（30-32-34-36-36段）

n 21-24-26.5-29.5-32cm
（58-66-74-82-90目）

③ 新生児	3か月	6か月	12か月	18か月
1段平ら	1段平ら	1段平ら	1段平ら	1段平ら
2 - 4 - 2	2 - 4 - 2	2 - 4 - 2	2 - 4 - 4	2 - 4 - 4
2 - 8 - 2 減	2 - 8 - 3 減	2 - 8 - 4 減	2 - 8 - 5 減	2 - 8 - 5 減
2 - 10 - 1	2 - 10 - 1	2 - 10 - 1	2 - 10 - 1	2 - 10 - 1
1 - 12 - 1	1 - 12 - 1	1 - 12 - 1	1 - 12 - 1	1 - 12 - 1

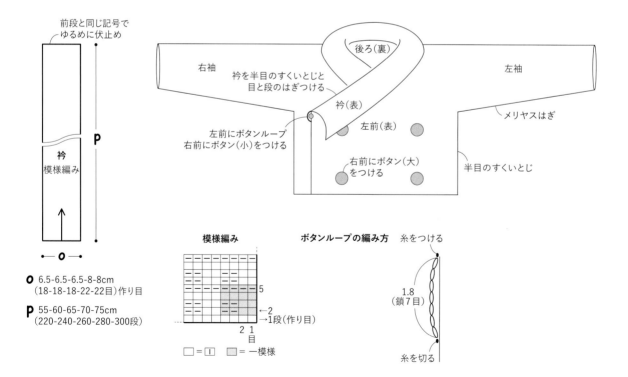

前段と同じ記号で
ゆるめに伏止め

p

衿
模様編み

o

o 6.5-6.5-6.5-8-8cm
（18-18-18-22-22目）作り目

p 55-60-65-70-75cm
（220-240-260-280-300段）

右袖

衿を半目のすくいとじと
目と段のはぎつける

後ろ（裏）

衿（表）

左袖

メリヤスはぎ

左前にボタンループ
右前にボタン（小）をつける

左前（表）

右前にボタン（大）
をつける

半目のすくいとじ

模様編み

←2
→1段（作り目）

2 1
目

□ = ① ▨ = 一模様

ボタンループの編み方

糸をつける

1.8
（鎖7目）

糸を切る

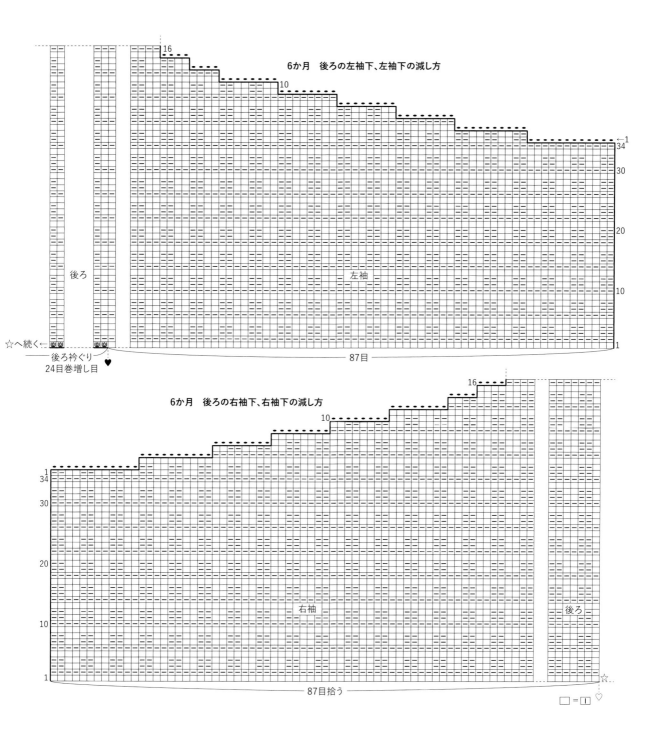

6か月　後ろの左袖下、左袖下の減し方

16

10

左袖

後ろ

☆へ続く←

←1
34
30

20

10

1

後ろ衿ぐり
24目巻増し目 ♥

87目

6か月　後ろの右袖下、右袖下の減し方

16

10

1
34
30

20

右袖

後ろ

10

1

87目拾う

☆
♡

□ = □

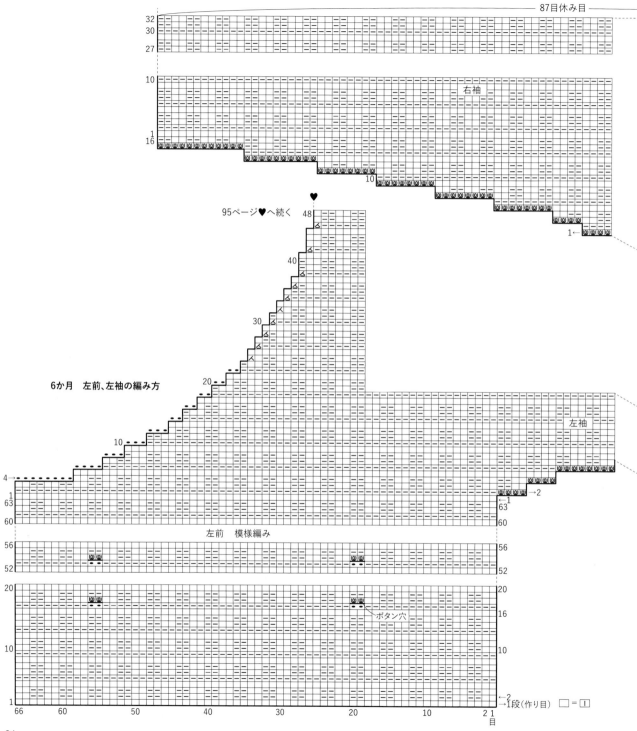

87目休み目

右袖

95ページ♥へ続く

6か月　左前、左袖の編み方

左袖

左前　模様編み

ボタン穴

→1段(作り目)　□ = ①

66　60　50　40　30　20　10　2 1
目

96

95ページ♡へ続く

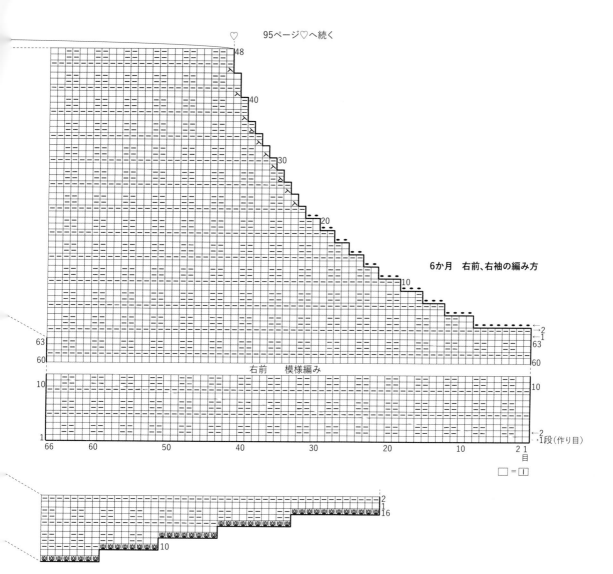

6か月　右前、右袖の編み方

右前　模様編み

□ = 1

l'ensemble Mahé
アンサンブル "マエ"

写真　p.26

カーディガン

サイズ：新生児 - 3か月 - 6か月 - 12か月 - 18か月

レベル ●●○○○

材料

糸 *la droguerie*

Alpaga アルパカ（100% アルパカ）
col. Porcelaine（セルリアンブルー / 08）：
80 - 100 - 120 - 140 - 160g
針 5号2本棒針
ボタン Buis de couleurs 直径10mm
col. Bleu azur：5 - 5 - 6 - 6 - 6個

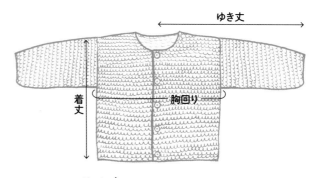

サイズ

胸回り：44 - 48 - 52 - 58 - 64cm
着　丈：20 - 23 - 26 - 29 - 32cm
ゆき丈：23 - 27 - 31 - 35.5 - 40cm

ゲージ

ガーター編み：24目48段が10cm四方

カーディガン　編み方ポイント

糸は1本どりで編みます。
前後身頃、袖はそれぞれ指に糸をかける方法で作り目をして編み始め、ガーター編みを編みます。前後身頃は左前にボタン穴を作りながら編みます。脇まで編んだら、左前と後ろは休めて、右前を編みます。前衿ぐりは減らしながら編み、編終りは休み目にします。後ろは休み目から拾って編みます。左前は右前と

左右対称に編みますが、指定位置にボタン穴をあけます。袖は袖下を増しながら編み、編終りはゆるめに伏止めにします。肩をかぶせはぎ、袖下をすくいとじ、袖を目と段のはぎでつけます。衿ぐりは前後から拾い目をして、伏止めにします。右前にボタンをつけます。

le cardigan Mahé

新生児-3か月-6か月-12か月-18か月
サイズ別の表示がない部分は共通

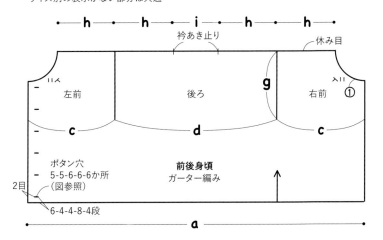

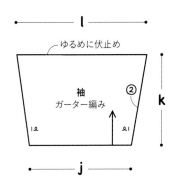

a 46-50-54-60-66cm
（110-120-130-144-158目）作り目

b 11-13-15-17-19cm
（52-62-72-82-92段）

c 12-13-14-15.5-17cm
（29-31-33-37-41目）

d 22-24-26-29-32cm
（52-58-64-70-76目）

e 5-6-6-7-8cm
（24-28-28-34-38段）

f 4-4-5-5-5cm
（20-20-24-24-24段）

g 9-10-11-12-13cm
（44-48-52-58-62段）

h 7.5-8-8.5-9.5-11cm
（18-19-20-23-26目）

i 16-20-24-24-24目

j 14-15-16-17.5-17.5cm
（34-36-38-42-42目）作り目

k 12-15-18-21-24cm
（58-72-86-100-116段）

l 18.5-20-22.5-25-26.5cm
（44-48-54-60-64目）

	新生児	3か月	6か月	12か月	18か月
①	5段平ら	5段平ら	7段平ら	7段平ら	5段平ら
	4 - 1 - 2	4 - 1 - 2	4 - 1 - 2	4 - 1 - 2	4 - 1 - 2
	2 - 1 - 1 減	2 - 1 - 1 減	2 - 1 - 2 減	2 - 1 - 2 減	2 - 1 - 3 減
	2 - 2 - 2	2 - 2 - 2	2 - 2 - 2	2 - 2 - 2	2 - 2 - 2
	1 - 4 - 1	1 - 5 - 1	1 - 5 - 1	1 - 6 - 1	1 - 6 - 1
	段 目 回				

	新生児	3か月	6か月	12か月	18か月
②	7段平ら	11段平ら	5段平ら	9段平ら	5段平ら
	10 - 1 - 4 増	10 - 1 - 5 増	10 - 1 - 7 増	10 - 1 - 8 増	10 - 1 - 10 増
	11 - 1 - 1	11 - 1 - 1	11 - 1 - 1	11 - 1 - 1	11 - 1 - 1

ガーター編み

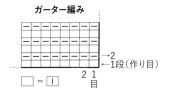

□ = |

→2
←1段(作り目)
2 1
目

99

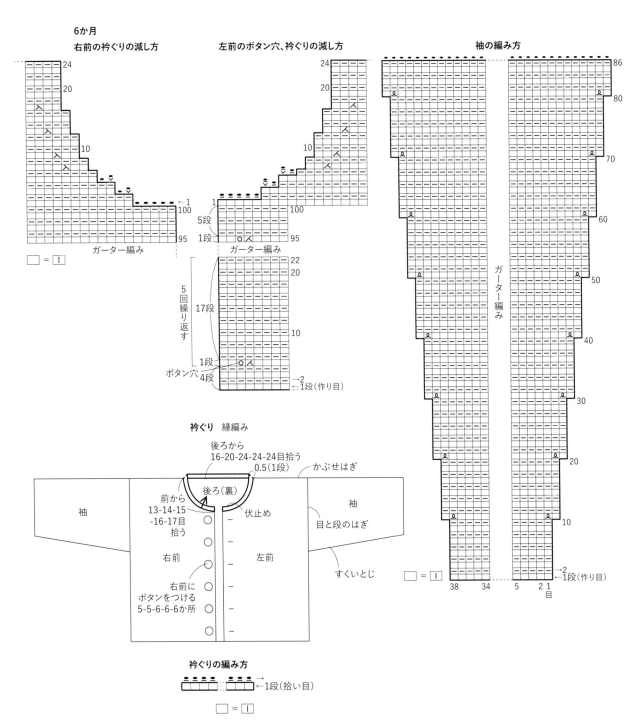

6か月

右前の衿ぐりの減し方

左前のボタン穴、衿ぐりの減し方

袖の編み方

□ = □

ガーター編み

5回繰り返す

17段

ボタン穴

1段
4段

→2
←1段（作り目）

ガーター編み

衿ぐり　縁編み

後ろから
16-20-24-24-24目拾う

0.5（1段）

かぶせはぎ

後ろ（裏）

前から
13-14-15
-16-17目
拾う

伏止め

袖

袖

目と段のはぎ

右前

左前

右前に
ボタンをつける
5-5-6-6-6か所

すくいとじ

衿ぐりの編み方

→1段（拾い目）

□ = □

左前のボタン穴、衿ぐりの減し方

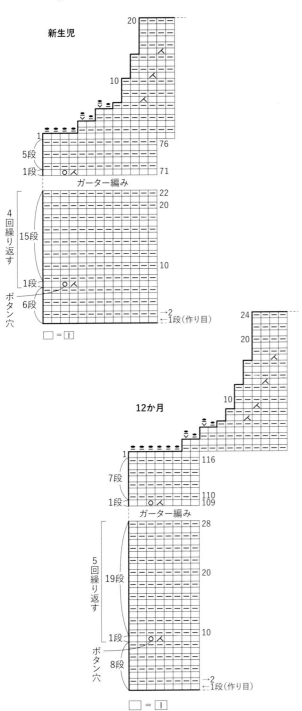

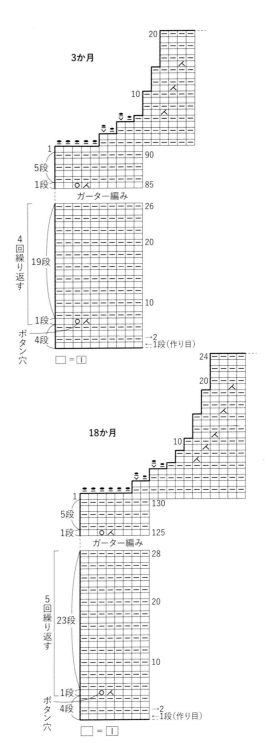

l'ensemble Maëlle
アンサンブル "マエル"

写真　p.29

カーディガン

サイズ：新生児 - 3か月 - 6か月 - 12か月 - 18か月

レベル ⬤ ⬤ ⬤ ⬤ ⬤

材料

糸 *la droguerie*
Alpaga アルパカ（100% アルパカ）
col. Lune rousse（赤茶色 / 85）：
80 - 100 - 120 - 140 - 160g
針 5号2本棒針
ボタン Buis de couleurs 直径10mm
col. Rouge：4 - 4 - 5 - 5 - 5個

ゲージ

ガーター編み：24目48段が10cm四方

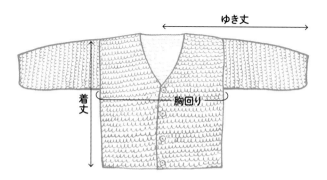

サイズ

胸回り：44 - 48 - 52 - 58 - 64cm
着　丈：20 - 23 - 26 - 29 - 32cm
ゆき丈：23 - 27 - 31 - 35.5 - 40cm

le cardigan Maëlle

カーディガン　編み方ポイント

糸は1本どりで編みます。

前後身頃、袖はそれぞれ指に糸をかける方法で作り目をして編み始め、ガーター編みを編みます。前後身頃は左前にボタン穴を作りながら編みます。脇まで編めたら、左前と後ろを休めて右前を編みます。前衿ぐりは減らしながら編みます。編終りは、肩を休み目、後ろ衿ぐりは糸をつけて伏止めにします。後ろは休み目から拾って編みます。左前身頃は右前と左右対称に編みます。袖は袖下で増しながら編み、編終りはゆるめに伏止めにします。肩をかぶせはぎ、袖下をすくいとじ、袖を目と段のはぎでつけます。右前にボタンをつけます。

新生児-3か月-6か月-12か月-18か月　サイズ別の表示がない部分は共通

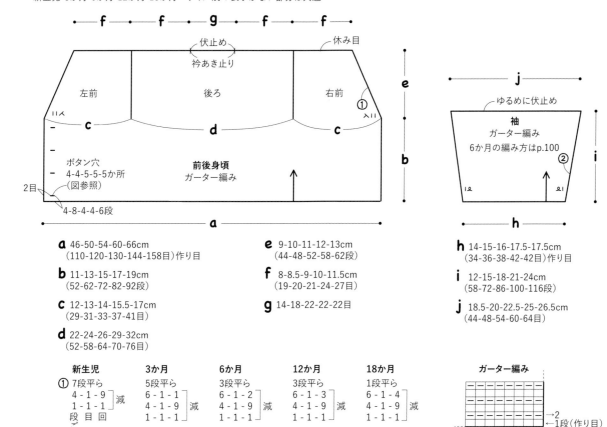

a 46-50-54-60-66cm
（110-120-130-144-158目）作り目

b 11-13-15-17-19cm
（52-62-72-82-92段）

c 12-13-14-15.5-17cm
（29-31-33-37-41目）

d 22-24-26-29-32cm
（52-58-64-70-76目）

e 9-10-11-12-13cm
（44-48-52-58-62段）

f 8-8.5-9-10-11.5cm
（19-20-21-24-27目）

g 14-18-22-22-22目

h 14-15-16-17.5-17.5cm
（34-36-38-42-42目）作り目

i 12-15-18-21-24cm
（58-72-86-100-116段）

j 18.5-20-22.5-25-26.5cm
（44-48-54-60-64目）

	新生児	3か月	6か月	12か月	18か月
①	7段平ら 4-1-9 ⎤ 1-1-1 ⎦減 段 目 回 ごと	5段平ら 6-1-1 ⎤ 4-1-9 ⎦減 1-1-1	3段平ら 6-1-2 ⎤ 4-1-9 ⎦減 1-1-1	3段平ら 6-1-3 ⎤ 4-1-9 ⎦減 1-1-1	1段平ら 6-1-4 ⎤ 4-1-9 ⎦減 1-1-1
②	7段平ら 10-1-4 ⎤ 11-1-1 ⎦増	11段平ら 10-1-5 ⎤ 11-1-1 ⎦増	5段平ら 10-1-7 ⎤ 11-1-1 ⎦増	9段平ら 10-1-8 ⎤ 11-1-1 ⎦増	5段平ら 10-1-10 ⎤ 11-1-1 ⎦増

ガーター編み

→2
←1段（作り目）
2　1
目

□ = I

6か月　前後身頃の編み方

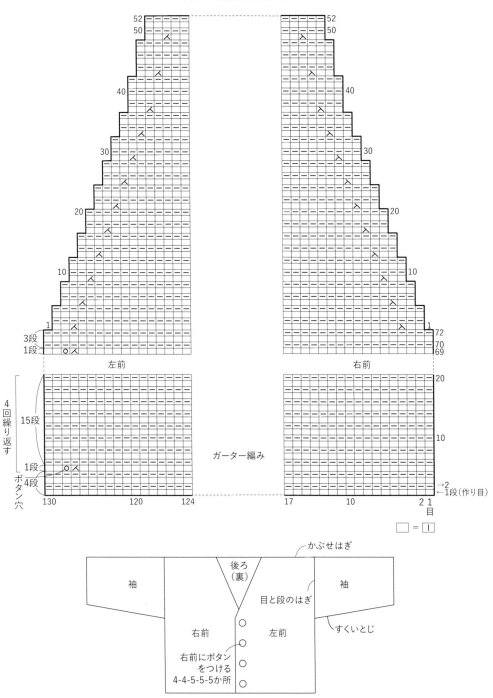

左前

右前

ガーター編み

4回繰り返す

15段

3段
1段

1段
4段

ボタン穴

130　　120　　124

17　　10　　2　1　目

52
50

40

30

20

10

1

52
50

40

30

20

10

1
72
70
69

20

10

←2段
←1段(作り目)

□ = | |

かぶせはぎ

後ろ
(裏)

袖

袖

目と段のはぎ

右前

左前

すくいとじ

右前にボタン
をつける
4-4-5-5-5か所

104

左前のボタン穴、衿ぐりの減し方

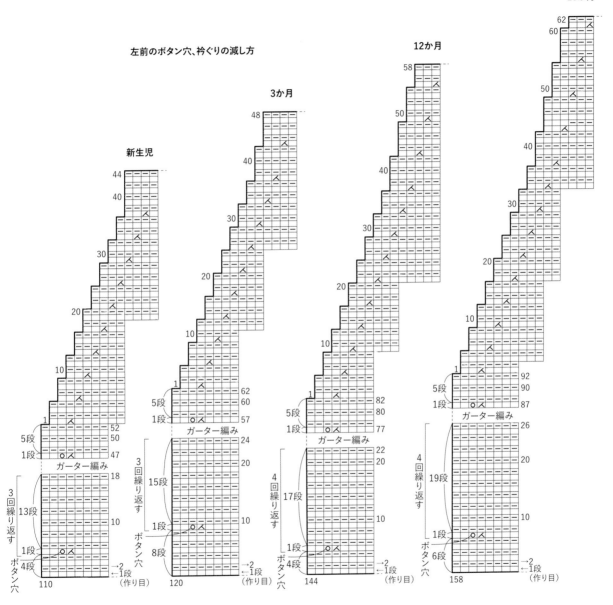

新生児

3か月

12か月

18か月

□ = [I]

le cardigan Alice

カーディガン "アリス"

写真　p.16

サイズ：新生児 - 3か月 - 6か月 - 12か月 - 18か月

レベル ⬤⬤⬤⬜

材料

糸 la droguerie
Duvet d'Anjou デュベ ダンジュ
（70% ウール、30% アンゴラ）
col. Tarte à l'orange（からし色 / 44）:
70 - 80 - 100 - 120 - 140g
針 5号、6号2本棒針
ボタン Champ de coton 4 trous 直径9mm
col. Jaune miel：7 - 7 - 8 - 9 - 8個

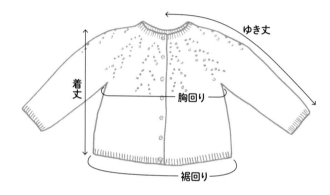

サイズ

裾回り：50 - 56 - 60 - 66 - 72cm
胸回り：47 - 53 - 55.5 - 61.5 - 67.5cm
着　丈：21.5 - 23.5 - 26 - 29.5 - 32cm
ゆき丈：25 - 28 - 30.5 - 34.5 - 37cm

ゲージ

メリヤス編み：21目28段が10cm四方

編み方ポイント

糸は1本どりで、指定の針の号数で編みます。
5号針で衿ぐりから指に糸をかける方法で作り目をして編み始めます。1目ゴム編みを4段編みますが、両端3目は縁編みで編み、右前端の4段めにボタン穴を作ります。6号針に替え、ヨークを模様編みで増しながら編みます。続けて左前を編みますが、残りの目は休めます。右端3目は縁編みを続けて編み、脇側の端3目内側で増しながら編みます。裾は5号針に替えて1目

ゴム編みを編みますが、端3目は縁編を続けて編み、1目ゴム編みの1段めで増し目をします。編終りは前段と同じ記号でゆるめに伏止めにします。袖は休み目から拾って、袖下を減らしながら編みます。後ろは増しながら編みます。右前は左前と左右対称に編みますが、左端3目は縁編みを続けて編み、指定位置にボタン穴を作りながら編みます。脇、袖下を半目のすくいとじにします。左前にボタンをつけます。

106

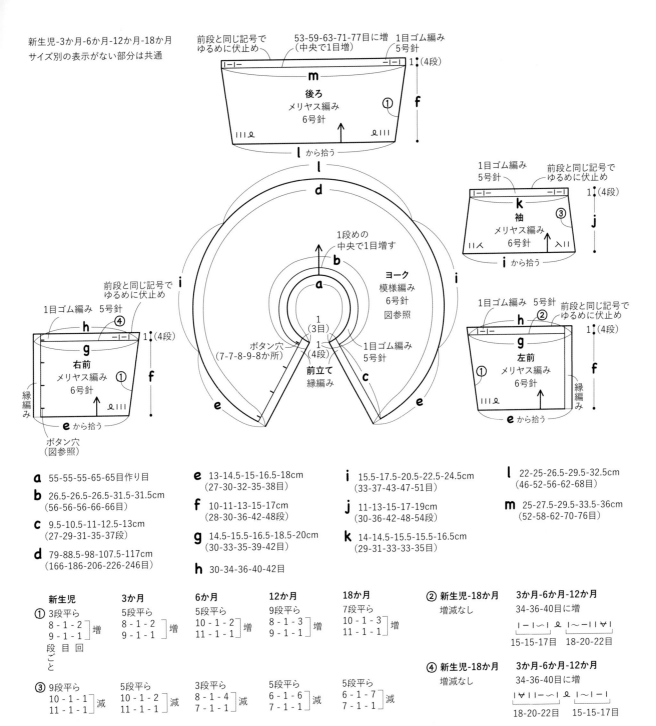

新生児-3か月-6か月-12か月-18か月
サイズ別の表示がない部分は共通

前段と同じ記号でゆるめに伏止め
53-59-63-71-77目に増（中央で1目増）
1目ゴム編み 5号針
1（4段）

m
後ろ
メリヤス編み
6号針
①
f

l から拾う

1目ゴム編み 5号針
前段と同じ記号でゆるめに伏止め
1（4段）
k
袖
メリヤス編み
6号針
③
j
i から拾う

d
l
1段めの中央で1目増す
b
a
ヨーク
模様編み
6号針
図参照
i
i

前段と同じ記号でゆるめに伏止め
1目ゴム編み 5号針
④
h
g
右前
メリヤス編み
6号針
①
f
縁編み
e から拾う
ボタン穴（図参照）

ボタン穴（7-7-8-9-8か所）
1（3目）
1（4段）
1目ゴム編み 5号針
前立て
縁編み
c
e
e

1目ゴム編み 5号針
前段と同じ記号でゆるめに伏止め
h
②
g
左前
メリヤス編み
6号針
①
f
縁編み
e から拾う

a 55-55-55-65-65目作り目
b 26.5-26.5-26.5-31.5-31.5cm
　（56-56-56-66-66目）
c 9.5-10.5-11-12.5-13cm
　（27-29-31-35-37段）
d 79-88.5-98-107.5-117cm
　（166-186-206-226-246目）

e 13-14.5-15-16.5-18cm
　（27-30-32-35-38目）
f 10-11-13-15-17cm
　（28-30-36-42-48段）
g 14.5-15.5-16.5-18.5-20cm
　（30-33-35-39-42目）
h 30-34-36-40-42目

i 15.5-17.5-20.5-22.5-24.5cm
　（33-37-43-47-51目）
j 11-13-15-17-19cm
　（30-36-42-48-54段）
k 14-14.5-15.5-15.5-16.5cm
　（29-31-33-33-35目）

l 22-25-26.5-29.5-32.5cm
　（46-52-56-62-68目）
m 25-27.5-29.5-33.5-36cm
　（52-58-62-70-76目）

	新生児	3か月	6か月	12か月	18か月
①	3段平ら 8-1-2 9-1-1 増 段目回ごと	5段平ら 8-1-2 9-1-1 増	5段平ら 10-1-2 11-1-1 増	9段平ら 8-1-3 9-1-1 増	7段平ら 10-1-3 11-1-1 増
③	9段平ら 10-1-1 11-1-1 減	5段平ら 10-1-2 11-1-1 減	3段平ら 8-1-4 7-1-1 減	5段平ら 6-1-6 7-1-1 減	5段平ら 6-1-7 7-1-1 減

② 新生児-18か月
増減なし

3か月-6か月-12か月
34-36-40目に増
│─│～ Ɩ │～─││Ↄ
15-15-17目　18-20-22目

④ 新生児-18か月
増減なし

3か月-6か月-12か月
34-36-40目に増
│Ↄ││～‿ Ɩ │～─│─
18-20-22目　15-15-17目

107

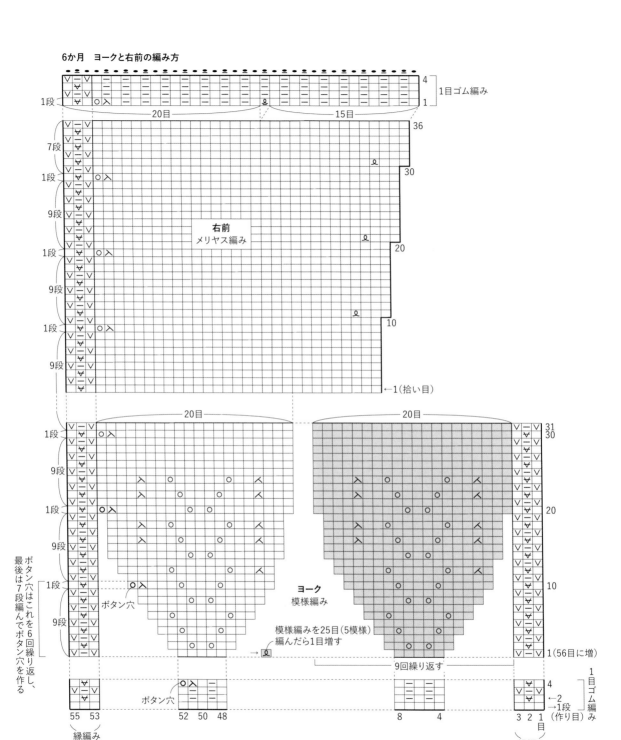

6か月　ヨークと右前の編み方

1目ゴム編み

右前
メリヤス編み

←1（拾い目）

ヨーク
模様編み

模様編みを25目（5模様）
編んだら1目増す

9回繰り返す

ボタン穴はこれを6回
繰り返し、最後は7段
編んでボタン穴を作る

ボタン穴

ボタン穴

1（56目に増）

1目ゴム編み

←2
→1段
（作り目）

縁編み
右前立て

縁編み
左前立て

□ = Ｉ　　Ψ = 浮き目（糸を手前において、すべり目）

ヨークの編み方

新生児

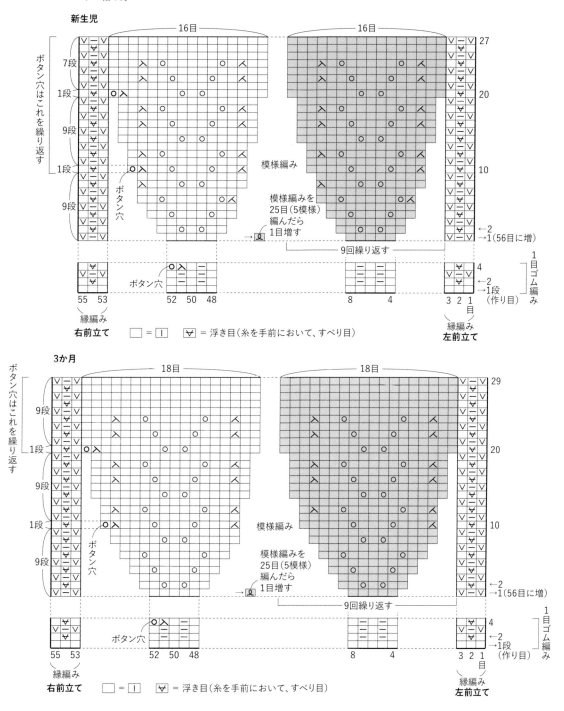

ボタン穴はこれを繰り返す

16目　　　　　16目　　　27

7段　1段　9段　1段　9段

ボタン穴

→1目増す

模様編み

模様編みを
25目（5模様）
編んだら
1目増す

9回繰り返す

20

10

←2
→1（56目に増）

1目ゴム編み

ボタン穴

55　53　　　52　50　48　　　8　4　　　3　2　1目

→1段（作り目）

←2

4

縁編み　　　　　　　　　　　　　　　　　　　　　　縁編み

右前立て　　□＝Ⅰ　　Ⅴ＝浮き目（糸を手前において、すべり目）　　**左前立て**

3か月

ボタン穴はこれを繰り返す

18目　　　　　18目　　　29

9段　1段　9段　1段　9段

ボタン穴

→1目増す

模様編み

模様編みを
25目（5模様）
編んだら
1目増す

9回繰り返す

20

10

←2
→1（56目に増）

1目ゴム編み

ボタン穴

55　53　　　52　50　48　　　8　4　　　3　2　1目

→1段（作り目）

←2

4

縁編み　　　　　　　　　　　　　　　　　　　　　　縁編み

右前立て　　□＝Ⅰ　　Ⅴ＝浮き目（糸を手前において、すべり目）　　**左前立て**

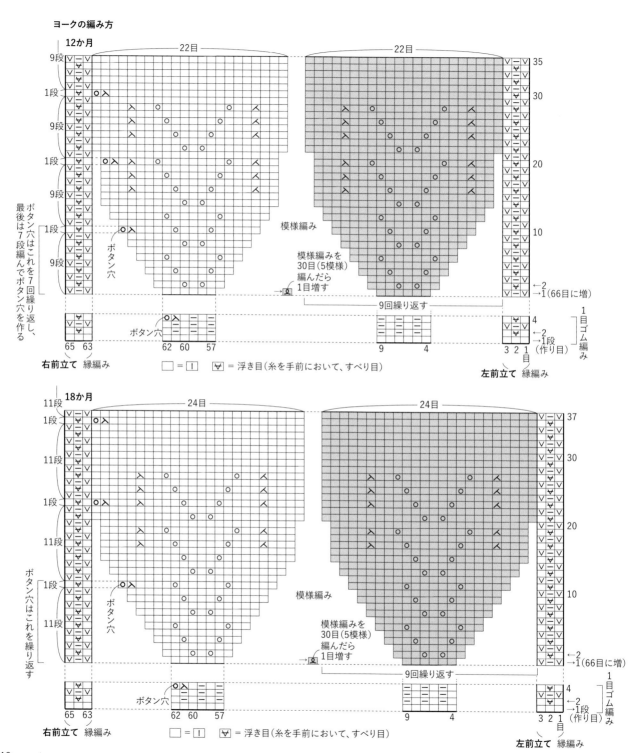

ヨークの編み方

12か月

模様編み

模様編みを30目（5模様）編んだら1目増す

9回繰り返す

ボタン穴はこれを7回繰り返し、最後は7段編んでボタン穴を作る

ボタン穴

→2
→1（66目に増）

1目ゴム編み

→2
→1段（作り目）

右前立て　縁編み　　　□=| 　☑ = 浮き目（糸を手前において、すべり目）　　**左前立て**　縁編み

18か月

模様編み

模様編みを30目（5模様）編んだら1目増す

9回繰り返す

ボタン穴はこれを繰り返す

ボタン穴

→2
→1（66目に増）

1目ゴム編み

→2
→1段（作り目）

右前立て　縁編み　　　□=| 　☑ = 浮き目（糸を手前において、すべり目）　　**左前立て**　縁編み

la robe Lily

ワンピース "リリー"

写真　p.42

サイズ：新生児 - 3か月 - 6か月 - 12か月 - 18か月

レベル ⬤⬤⬤⬤⬤

材料

糸 la droguerie
Surnaturelle シュールナチュレル
（100% スーパーファインメリノ）
col. Pétrole （ピーコックブルー / 58）
80 - 100 - 120 - 150 - 180g
針 3号輪針、5号輪針、4本棒針、縄編み針
ボタン Troca coeur 直径10mm col. Blanc：4個

ゲージ

メリヤス編み：26目35段が10cm四方

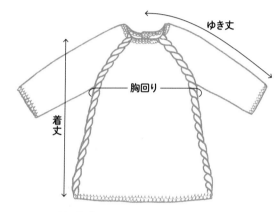

サイズ

胸回り：44.5 - 49.5 - 52 - 58 - 64.5cm
着　丈：28 - 32.5 - 36 - 40 - 44cm
ゆき丈：26 - 30 - 33 - 36.5 - 40cm

編み方ポイント

糸は1本どりで、指定の針の号数で編みます。
ヨークは、指に糸をかける方法で作り目をして編み始め、3号針でガーター編みを5段編みます。5号針に替え、ガーター編み、裏メリヤス編み、模様編みA、Bを往復に編みますが、左後ろヨークのガーター編みにボタン穴を作り、ねじり増し目で増しながら編みます。前後ヨーク、左右袖にそれぞれ分けて目を休めます。右後ろヨーク、前ヨーク、左後ろヨークから続けて裏

メリヤス編みと模様編みA、Bで目を拾って輪にします。前後身頃を増しながら編み、裾にガーター編みを編み、編終りは伏止めにします。袖は、5号針でヨークから輪に目を拾い、裏メリヤス編みで減らしながら編み、袖口にガーター編みを編み、編終りは伏止めにします。右後ろのガーター編みの下端を裏にとじ、ボタンをつけます。

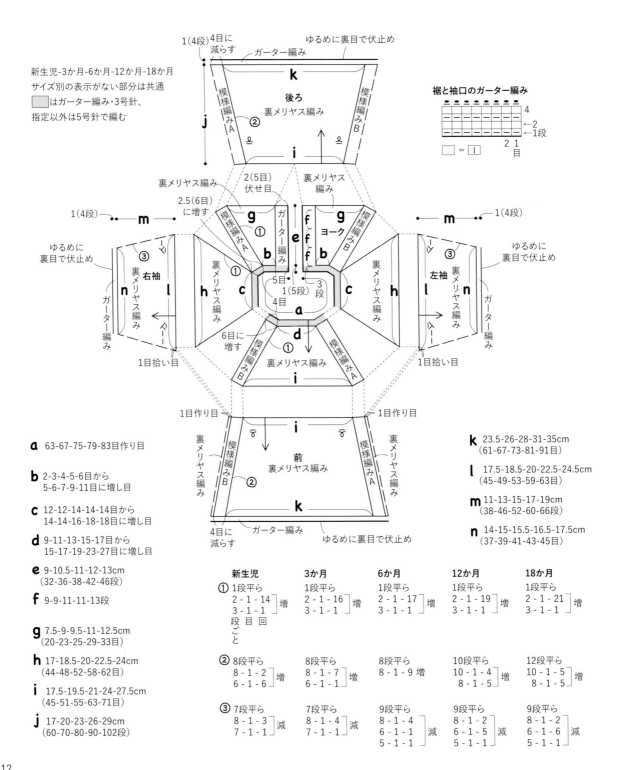

新生児-3か月-6か月-12か月-18か月
サイズ別の表示がない部分は共通
▨はガーター編み・3号針、
指定以外は5号針で編む

後ろ 裏メリヤス編み

1(4段) 4目に減らす／ゆるめに裏目で伏止め／ガーター編み

裾と袖口のガーター編み

前 裏メリヤス編み

ヨーク

右袖 裏メリヤス編み／**左袖** 裏メリヤス編み

模様編みA／模様編みB

a 63-67-75-79-83目作り目

b 2-3-4-5-6目から 5-6-7-9-11目に増し目

c 12-12-14-14-14目から 14-14-16-18-18目に増し目

d 9-11-13-15-17目から 15-17-19-23-27目に増し目

e 9-10.5-11-12-13cm （32-36-38-42-46段）

f 9-9-11-11-13段

g 7.5-9-9.5-11-12.5cm （20-23-25-29-33目）

h 17-18.5-20-22.5-24cm （44-48-52-58-62目）

i 17.5-19.5-21-24-27.5cm （45-51-55-63-71目）

j 17-20-23-26-29cm （60-70-80-90-102段）

k 23.5-26-28-31-35cm （61-67-73-81-91目）

l 17.5-18.5-20-22.5-24.5cm （45-49-53-59-63目）

m 11-13-15-17-19cm （38-46-52-60-66段）

n 14-15-15.5-16.5-17.5cm （37-39-41-43-45段）

	新生児	3か月	6か月	12か月	18か月
①	1段平ら 2-1-14 3-1-1 増 段目回ごと	1段平ら 2-1-16 3-1-1 増	1段平ら 2-1-17 3-1-1 増	1段平ら 2-1-19 3-1-1 増	1段平ら 2-1-21 3-1-1 増
②	8段平ら 8-1-2 6-1-6 増	8段平ら 8-1-7 6-1-1 増	8段平ら 8-1-9 増	10段平ら 10-1-4 8-1-5 増	12段平ら 10-1-5 8-1-5 増
③	7段平ら 8-1-3 7-1-1 減	7段平ら 8-1-4 7-1-1 減	9段平ら 8-1-4 6-1-1 5-1-1 減	9段平ら 8-1-2 6-1-5 5-1-1 減	9段平ら 8-1-2 6-1-6 5-1-1 減

6か月　前後身頃脇の増し方

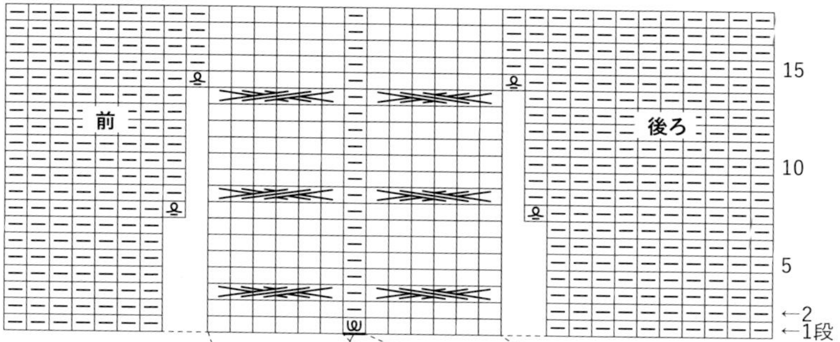

6か月　袖下の減し方

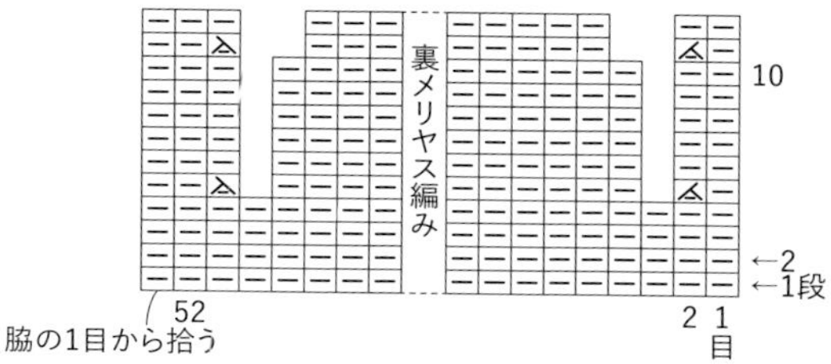

15
10
5
→2 1段

後ろ

ガーター編み

前

左右対称に編む
□ = □

脇の1目（作り目）

前中央

6か月　ヨーク（ラグラン線）の増し方

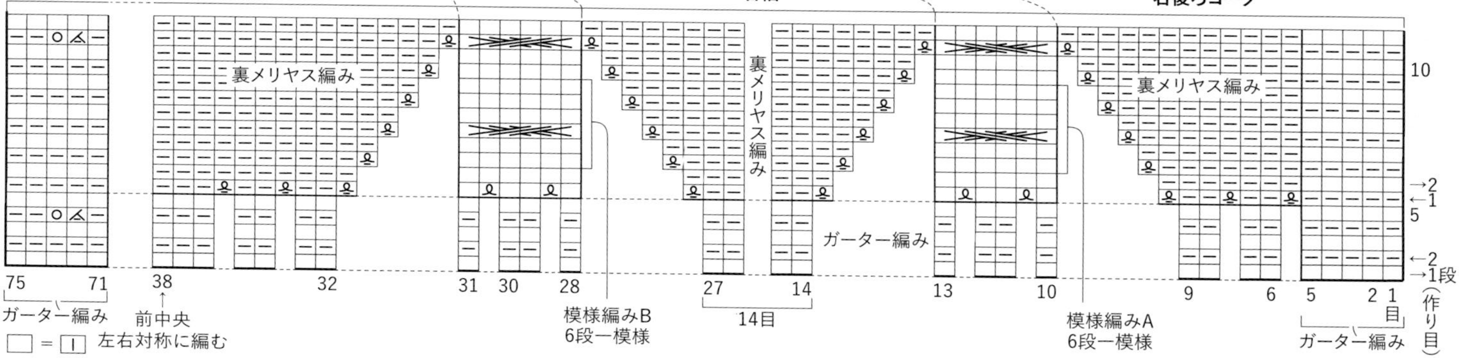

左後ろヨーク

75　71
10
5
→2 1段

ガーター編み

10
→2 1段
2 1目

裏メリヤス編み

52
脇の1目から拾う

右後ろヨーク

10
→2
→1
5
→2
（作り目）
2 1段
2 1目
5
6
9
10
13

ガーター編み

裏メリヤス編み

横編み A
6段―横様

前ヨーク

38
32
31　30
28
27　14

裏メリヤス編み

ガーター編み
14目

右袖

14
裏メリヤス編み

横編み B
6段―横様

ヨーク（ラグラン線）の1段めの増し目位置

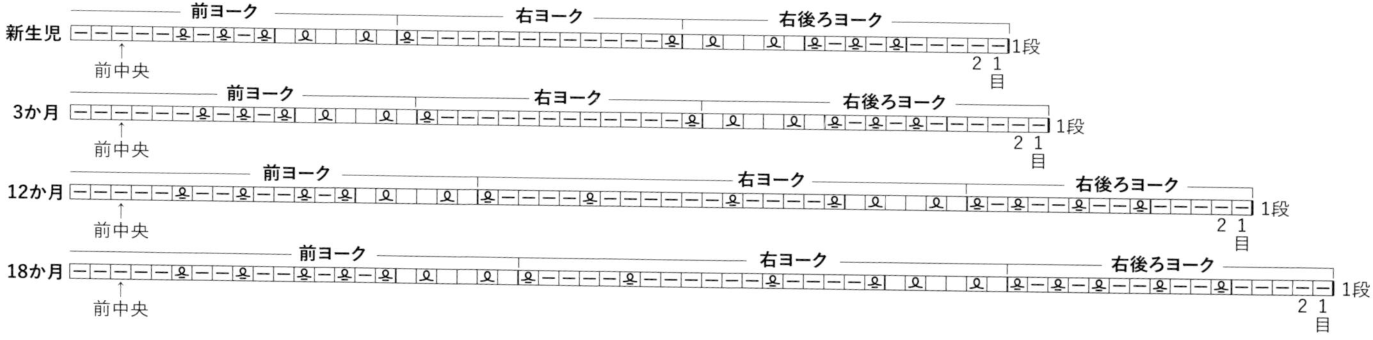

新生児
前ヨーク
前中央
右ヨーク

3か月
前ヨーク
前中央
右ヨーク

12か月
前ヨーク
前中央
右後ろヨーク

18か月
前ヨーク
前中央
右後ろヨーク

→2 1段
2 1目

右後ろヨーク

→2 1段
2 1目

右後ろヨーク

113

le cardigan Alban

カーディガン "アルバン"

写真　p.56

サイズ：新生児 - 3か月 - 6か月 - 12か月 - 18か月
レベル ⬤⬤⬤⚪⚪

材料

糸 la droguerie
Duvet d'Anjou デュベ ダンジュ
（70% ウール、30% アンゴラ）
col. Romarin（ひすい色 / 14）：
60 - 70 - 90 - 110 - 130g
針 3号、6号2本棒針
ボタン Confetti corozo 直径13mm
col. Vert céladon：3個

ゲージ

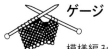

模様編み：21目30段が10cm四方

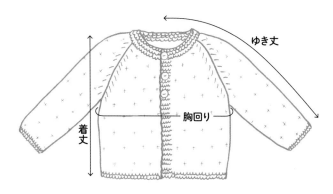

サイズ

胸回り：44 - 48 - 51.5 - 59.5 - 63.5cm
着　丈：22 - 24 - 27.5 - 31 - 34cm
ゆき丈：26.5 - 29.5 - 32.5 - 36.5 - 39.5cm

編み方ポイント

糸は1本どりで、指定の針の号数で編みます。
後ろ身頃、前身頃、袖はそれぞれ3号針で指に糸をかける方法で作り目をして編み始め、ガーター編みを編みます。6号針に替え、模様編みを編みます。ラグラン線は減らしながら編みます。後ろの編終りは伏止めにします。前身頃の前端はガーター編みを続けて編み、左前は指定位置にボタン穴を作ります。前衿ぐりは減らしながら編み、編終りの目に糸を通します。袖は袖下を増しながら、ラグラン線を減らしながら編み、編終りは伏止めにします。ラグラン線、脇、袖下は半目のすくいとじにします。衿ぐりは3号針で身頃、袖から拾い目をしてガーター編みを編みますが、左前にボタン穴を作ります。編終りは伏止めにします。右前にボタンをつけます。

114

新生児-3か月-6か月-12か月-18か月
サイズ別の表示がない部分は共通

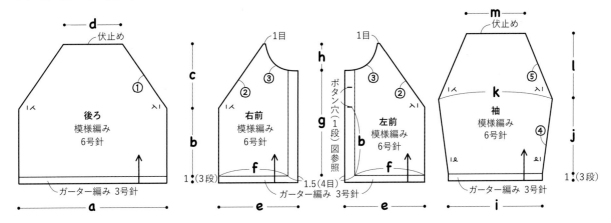

a　22.5-24.5-26-30-32cm
　　(47-51-55-63-67目)作り目

b　10-12-14-16-18cm
　　(30-36-42-48-54段)

c　9.5-9.5-10-11-12cm
　　(28-28-30-34-36段)

d　9-10-11-12-13cm
　　(19-21-23-25-27目)

e　11.5-12.5-13.5-15.5-16.5cm
　　(25-27-29-33-35目)作り目

f　10-11-12-14-15cm
　　(21-23-25-29-31目)

g　16-18-20-22.5-25.5cm
　　(48-54-60-68-76段)

h　3.5-3.5-4-4.5-4.5cm
　　(10-10-12-14-14段)

i　14.5-15.5-16.5-17.5-17.5cm
　　(31-33-35-37-37目)作り目

j　11.5-14-16-18-20cm
　　(34-42-48-54-60段)

k　17.5-18.5-20.5-22.5-24.5cm
　　(37-39-43-47-51目)

l　9.5-9.5-10-11.5-12cm
　　(28-28-30-34-36段)

m　4.5-4.5-5-5-6cm
　　(9-9-11-11-13目)

	新生児	3か月	6か月	12か月	18か月
①	1段平ら 2-1-13 1-1-1 減 段目回ごと	1段平ら 2-1-13 1-2-1 減	1段平ら 2-1-14 1-2-1 減	1段平ら 2-1-16 1-3-1 減	1段平ら 2-1-17 1-3-1 減
②	1-1-1 2-1-13 1-1-1 減	1-1-1 2-1-13 1-2-1 減	1-1-1 2-1-14 1-2-1 減	1-1-1 2-1-16 1-3-1 減	1-1-1 2-1-17 1-3-1 減
③	3段平ら 2-1-1 2-2-2 1-4-1 減	3段平ら 2-1-1 2-2-2 1-5-1 減	3段平ら 2-1-2 2-2-2 1-5-1 減	5段平ら 2-1-2 2-2-2 1-6-1 減	5段平ら 2-1-2 2-2-2 1-7-1 減
④	9段平ら 8-1-2 9-1-1 増	9段平ら 10-1-2 13-1-1 増	7段平ら 10-1-3 11-1-1 増	7段平ら 8-1-2 10-1-2 11-1-1 増	5段平ら 6-1-1 8-1-5 9-1-1 増
⑤	1段平ら 2-1-13 1-1-1 減	1段平ら 2-1-13 1-2-1 減	1段平ら 2-1-14 1-2-1 減	1段平ら 2-1-14 4-1-1 1-3-1 減	1段平ら 2-1-15 4-1-1 1-3-1 減

模様編みの編始め位置

後ろ身頃

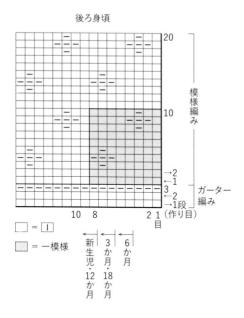

模様編み

ガーター編み

→2
←1
3
2
→1段（作り目）
目

10 8   2 1

□ = I
□ = 一模様

新生児・12か月
3か月・18か月
6か月

前身頃

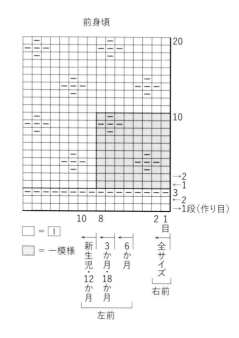

→2
←1
3
2
→1段（作り目）
目

10 8   2 1

□ = I
□ = 一模様

新生児・12か月
3か月・18か月
6か月
全サイズ
右前
左前

袖

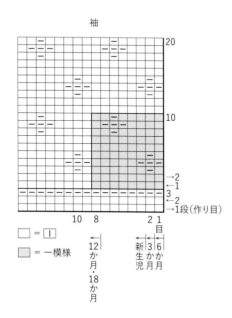

→2
←1
3
2
→1段（作り目）

10 8   2 1
目

□ = I
□ = 一模様

12か月・18か月
新生児
3か月
6か月

衿ぐり ガーター編み 3号針

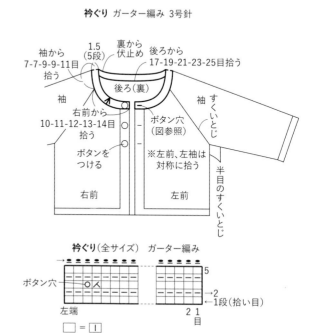

袖から
7-7-9-9-11目拾う

1.5（5段）

裏から伏止め

後ろから
17-19-21-23-25目拾う

袖

後ろ（裏）

袖

すくいとじ

右前から
10-11-12-13-14目拾う

ボタン穴（図参照）

※左前、左袖は対称に拾う

ボタンをつける

右前

左前

半目のすくいとじ

衿ぐり（全サイズ） ガーター編み

→
5
ボタン穴
○人
→2
→1段（拾い目）
左端
2 1目

□ = I

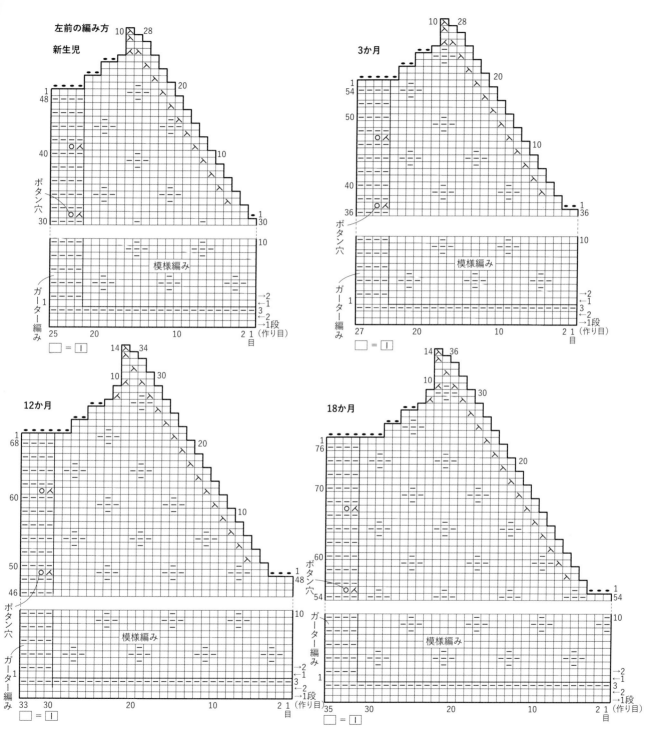

左前の編み方

新生児

3か月

ボタン穴

ガーター編み

模様編み

□ = |

12か月

18か月

ボタン穴

ガーター編み

模様編み

□ = |

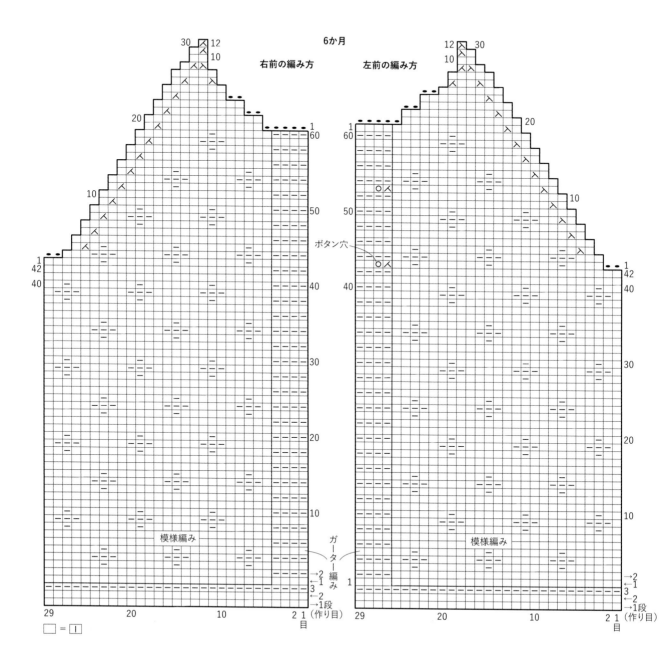

6か月

右前の編み方　　　左前の編み方

ボタン穴

模様編み　　　　　　　　模様編み

ガーター編み

□ = Ⅰ

6か月　袖の編み方

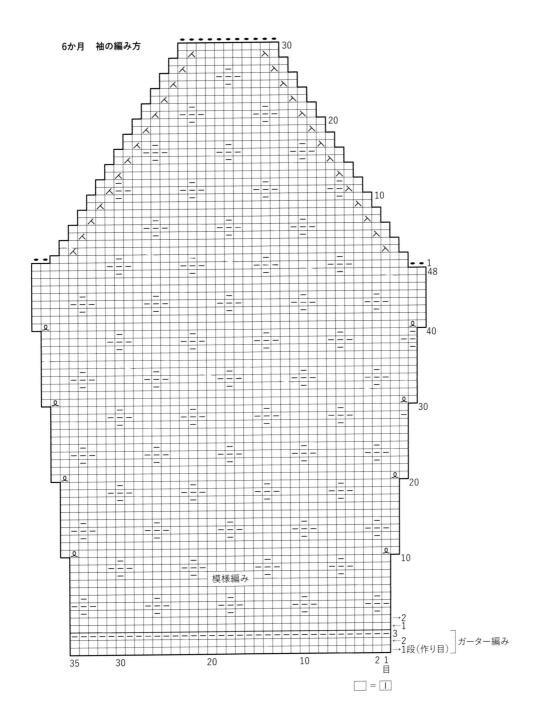

模様編み

30

20

10

1
48

40

30

20

10

→2
←1
3
→2
←1段(作り目)　ガーター編み

35　　30　　　20　　　10　　2 1
目

□ = ｜

119

l'ensemble Camille
アンサンブル "カミーユ"

写真　p.50

ブーティ

サイズ：新生児 - 3か月 - 6か月 - 12か月 - 18か月
レベル ⬤⬤⬤⬜⬜

材料

糸 *la droguerie*

Surnaturelle シュールナチュレル
（100% スーパーファインメリノ）
col. Seigle（ベージュ / 13）：20 - 20 - 20 - 30 - 30g
col. Moisson（黄色 / 05）、col. Écru（生成り / 02）：
全サイズ各10g
針 5号2本棒針
ボタン Hêtre bûchette duffle-coat 長さ20mm
col. Naturel：2個

サイズ

底　　丈：11 - 12 - 13 - 13.5 - 14.5cm
長　　さ：11.5 - 12.5 - 15 - 15.5 - 17cm
足首回り：13 - 13 - 15 - 17 - 18.5cm

ゲージ

ガーター編み（縞）：22目44段が10cm四方

les chaussons Camille

ブーティ　編み方ポイント

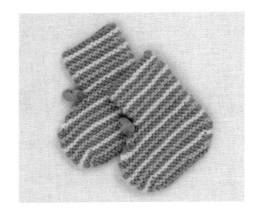

糸は1本どりで、指定の配色で編みます。
指に糸をかける方法で作り目をして編みます。ガーター編み
（縞）で増減しながら編みます。編終りは伏止めにし、すくい
とじ用に糸端を30cmほど残して切ります。後ろ中央をすくい
とじ、底をメリヤスはぎにします。同じものを2枚編みます。
甲にボタンを縫つけます。

新生児-3か月-6か月-12か月-18か月
サイズ別の表示がない部分は共通

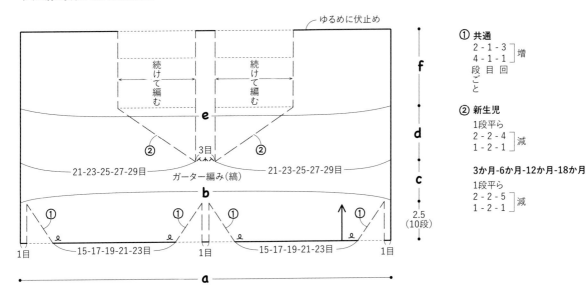

① 共通
2 - 1 - 3 ┐増
4 - 1 - 1 ┘
段 目 回
ご と

② 新生児
1段平ら
2 - 2 - 4 ┐減
1 - 2 - 1 ┘

3か月-6か月-12か月-18か月
1段平ら
2 - 2 - 5 ┐減
1 - 2 - 1 ┘

a 15-17-18.5-20.5-22.5cm
（33-37-41-45-49目）作り目

b 22.5-24-26-27.5-29.5cm
（49-53-57-61-65目）

c 3-3.5-4-4.5-5cm
（13-15-17-19-21段）

d 2-2.5-2.5-2.5-2.5cm
（10-12-12-12-12段）

e 13-13-15-17-18.5cm
（29-29-33-37-41目）

f 4-4-5-6-7cm
（18-18-22-26-30段）

6か月

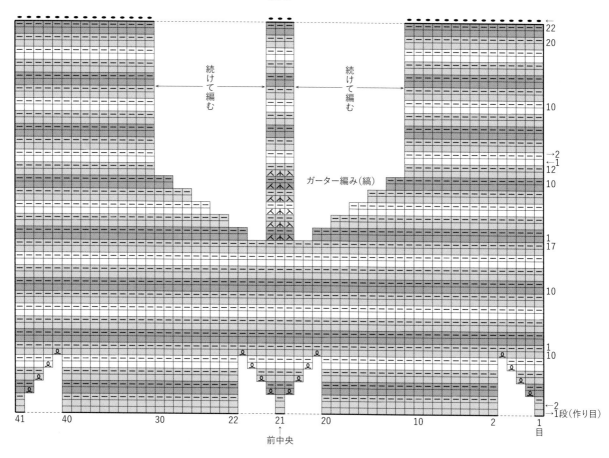

続けて編む

続けて編む

ガーター編み(縞)

22
20
10
→2
←1
12
10
1
17
10
1
10
→2
→1段(作り目)

41 40 30 22 21 20 10 2 1
目

前中央

ガーター編み(縞)

8段一模様

9
←2
→1段(作り目)

2 1
目

☐ = I

配色

	色名
	Seigle (ベージュ/13)
	Moisson (黄色/05)
	Écru (生成り/02)

ボタンをつける

すくいとじ

メリヤスはぎ

122

棒針編みの基礎

製図の見方

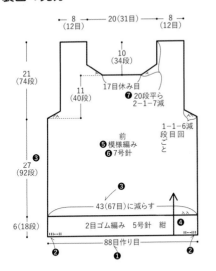

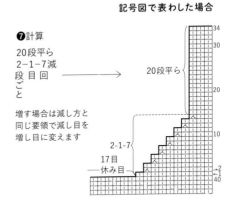

記号図で表わした場合

❼計算

20段平ら
2-1-7減
段 目 回
ご
と

↓

20段平ら

2-1-7

17目
休み目

増す場合は減し方と
同じ要領で減らし目を
増し目に変えます

❶ 編始め位置
❷ ゴム編みの端目の記号
❸ 寸法（cm）
❹ 編む方向
❺ 編み地
❻ 使う針
❼ 計算

作り目
指に糸をかける方法

1

糸端から編み幅の約3倍の長さところに輪を作り、棒針をそろえて輪の中に通す

2

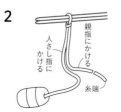

輪を引き締める。1目の出来上り

3

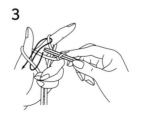

糸玉側を左手の人さし指に、糸端側を親指にかけ、右手は輪を押さえながら棒針を持つ。指にかかっている糸を矢印のようにすくう

4

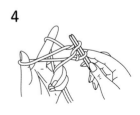

すくい終わったところ

5

親指にかかっている糸をはずし、その下側をかけ直しながら結び目を締める

6

親指と人さし指を最初の形にする。3～6を繰り返す

7

必要目数を作る。これを表目1段と数える

8

2本の棒針の1本を抜き、糸のある側から2段めを編む

編み目記号　編み記号は編み地の表側から見た操作記号です。

かけ目、巻き目、すべり目、浮き目を除き、1段下にその編み目ができます

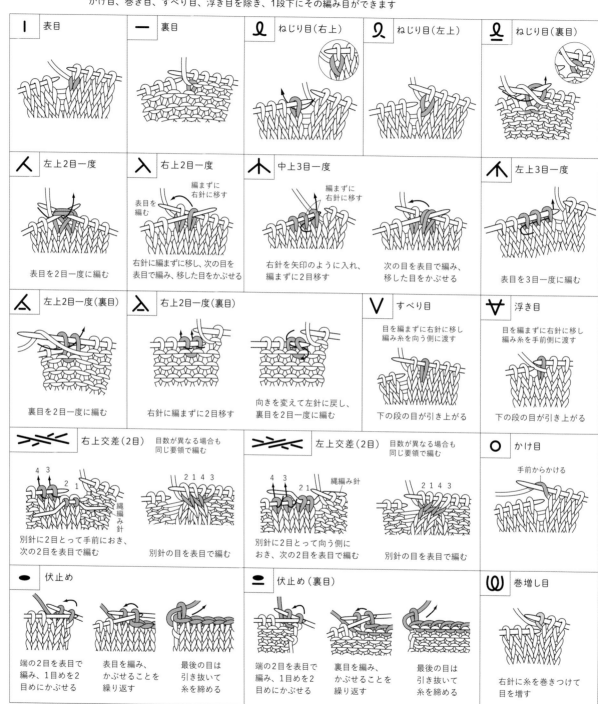

Ｉ 表目	― 裏目	ℓ ねじり目（右上）	ℓ ねじり目（左上）	ℓ ねじり目（裏目）

左上2目一度 — 表目を2目一度に編む

右上2目一度 — 表目を編む／編まずに右針に移す／右針に編まずに移し、次の目を表目で編み、移した目をかぶせる

中上3目一度 — 編まずに右針に移す／右針を矢印のように入れ、編まずに2目移す／次の目を表目で編み、移した目をかぶせる

左上3目一度 — 表目を3目一度に編む

左上2目一度（裏目） — 裏目を2目一度に編む

右上2目一度（裏目） — 右針に編まずに2目移す／向きを変えて左針に戻し、裏目を2目一度に編む

Ｖ すべり目 — 目を編まずに右針に移し編み糸を向こう側に渡す／下の段の目が引き上がる

浮き目 — 目を編まずに右針に移し編み糸を手前側に渡す／下の段の目が引き上がる

右上交差（2目） 目数が異なる場合も同じ要領で編む — 別針に2目とって手前におき、次の2目を表目で編む／別針の目を表目で編む／縄編み針

左上交差（2目） 目数が異なる場合も同じ要領で編む — 別針に2目とって向う側におき、次の2目を表目で編む／別針の目を表目で編む／縄編み針

Ｏ かけ目 — 手前からかける

伏止め — 端の2目を表目で編み、1目めを2目めにかぶせる／表目を編み、かぶせることを繰り返す／最後の目は引き抜いて糸を締める

伏止め（裏目） — 端の2目を表目で編み、1目めを2目めにかぶせる／裏目を編み、かぶせることを繰り返す／最後の目は引き抜いて糸を締める

巻増し目 — 右針に糸を巻きつけて目を増す

編込み

糸を横に渡す編込み

1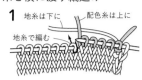
地糸は下に　配色糸は上に
地糸で編む

配色糸の編始めは結び玉を作って右針に通してから編むと目がゆるまない。結び玉は次の段でほどく

2
配色糸は上に　地糸は下に
配色糸で編む

裏に渡る糸は編み地が自然におさまるように渡し、引きすぎないようにする

3
地糸　地糸で編む　交差させる
配色糸

往復編みの場合は、編み地を持ち替えたら、編み端は必ず糸を交差させてから編む

4
配色糸で編む　配色糸
地糸

配色糸を地糸の上に置いて編む。糸の渡し方の上下は、いつも一定にする

糸を縦に渡す編込み

1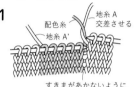
地糸 A　交差させる
配色糸
地糸 A'

すきまがあかないように

配色糸と地糸を交差させて、すきまがあかないように糸を引く

2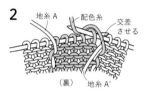
地糸 A　配色糸　交差させる
（裏）　地糸 A'

地糸は糸を替えるところで新しい糸玉で編む

増し方

ねじり目で増す方法 ⋎　※ ⋎ は**1**で手前からすくう

1

右針で渡り糸を矢印のようにすくって左針で表目を編む

2

1目増える

とじ・はぎ

引抜きはぎ

1

中表に合わせ、端の目にかぎ針を入れ、糸をかけて引き抜く

2

2目めに針を入れ、**1**で引き抜いた目と一緒に引き抜く

3

2を繰り返す

かぶせはぎ

中表に合わせ、かぎ針で向うの目を引き出し、引き出した目に糸をかけて引き抜くことを繰り返す

メリヤスはぎ

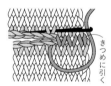
きつめに引く

メリヤス目を作りながらはぎ合わせる。表を見ながら、右から左へはぎ進む

目と段のはぎ

1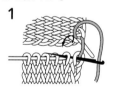

メリヤスはぎの要領で針を入れていく

2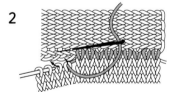

はぎ合わせる目数より段数が多い場合は、ところどころで1目に対して2段すくって均等にはぐ

すくいとじ

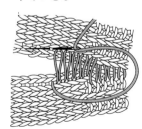

1目めと2目めの間の渡り糸を1段ずつ交互にすくう

ガーター編みは、1段おきに裏目の渡り糸をすくう

「半目のすくいとじ」と指定がある場合は、端から半目内側の渡り糸をすくう

かぎ針編みの基礎

〜〜〜〜〜〜
鎖編み　○

1

2

針に糸をかけて引き出す

引抜き編み　●

1

2

編み目に針を入れ、糸をかけて一度に引き抜く

Qui sommes-nous ? ラ・ドログリーとは?

La droguerieは「日用雑貨品店」という意味のフランス語です。これに「おもしろい」という意味のフランス語「drôle」をかけた、おもしろいお店のためのおもしろい名前。ラ・ドログリーという名前の私たちの正体は「色を売る」お店です。では私たちのお話をしましょう。

1975年オープン、家族経営の会社です

パリに住む手しごと好きの2人のフランス人が、新しい販売のスタイルで自分たちの思いとクリエーションを共有し、オリジナルのカラーでいっぱいにできるような、そんな特別な場所を探していました。

そして1975年、パリのレアール地区ジュール通りにラ・ドログリーがオープンします。オープン後まもなく「お店やさんごっこ」が好きだったこの2人の兄弟姉妹が手を貸すようになります。そしてそのままチームに残ることになりました。オープンから45年がたちましたが、ラ・ドログリーの物語はこの家族と共にこれからも続いていきます。

ラ・ドログリーの娘たちは両親と同じように、自分たちがおもしろいと感じるもの、自分たちが大好きな色を届けていきます。

今の気分のアクセサリーを
あなた自身が作るお手伝いをします

ラ・ドログリーは季節やその年のモードに合わせて、毎年いくつかの新作コレクションを出しています。私たちのコンセプトは、みんなが好きで、常に変化し、楽しくなるようなすべてのものを共有すること!コラボレーション、ポップアップ、パートナーシップ、出会い。ラ・ドログリーはいつもたくさんの色、そして時代と共にあります!

すべてのクリエーションを自分たちで行なっています

私たちは自分たちで創り出すことが大好きです。まさにDIYです。ビーズのコレクション、ニットパターン、ソーイングパターン、オリジナルの生地、そのすべてのクリエーションを自分たちで行なっています。私たちが大切にしているのは、作る人の想像力を刺激することです。

色とりどりの手芸材料を販売しています

ラ・ドログリーはたくさんのアイディアを発見し、それを実現し、そして「自分で作った」という喜びを感じることのできる魔法の場所です。編み物、ソーイング、アクセサリー。豊富な品ぞろえ、美しいカラーバリエーション、その品質。そこはまるでアリババの洞窟のような空間。ビーズ、ボタン、毛糸、リボン、ワッペン、生地、ソーイングとニットのパターン、アクセサリーパーツ、ステーショナリー。ラ・ドログリーは手作りの世界で欠かせない場所になりました。

おもてなしの気持ちと専門知識を持った
スタッフがお迎えします

オンラインストアに加えて、フランス国内では10店舗を運営しています。実店舗では実際に商品を見て、毛糸のやわらかさに触れ、カラーバリエーションを楽しんでいただくことができます。お店で何を買ったらよいのか迷いますか?きれいなもの、かわいいものであふれているので当然です!まさにこの時が私たちスタッフの出番です。お店の商品を熟知し、使い方に合わせて商品をご案内することのできる、ラ・ドログリーの専門家です。

それぞれのお客様に合わせた適切なアドバイスをします

自分でやってみるとそこから学ぶことができます。こうしたいという思い、どうしたらよいかという疑問、それらにはきっと答えがあります。ラ・ドログリーのスタッフが喜んでそのお手伝いをします。自分のものを作っているつもりで、可能な限りの最高のアドバイスをさせていただきます。

Nos boutiques la droguerie ラ・ドログリーの店舗

A Paris depuis 1975

1975年、パリのジュール通り9番にラ・ドログリーをオープン。
1980年、成長を遂げたこの小さなブティックを拡張することに。
そして全国への出店が始まります。現在、パリ、トゥールーズ、
ボルドー、リール、ナント、リヨン、ニース、ストラスブール、
マルセイユ、レンヌの10店舗あります。
1992年、私たちは日本のパートナーに出会い、ラ・ドログリーを
オープンしました。現在、京都、大阪、東京の3店舗あります。

La teinturerie de la droguerie ラ・ドログリーの染色工場

ラ・ドログリーは45年にわたり色と共に歩んできました。
ラ・ドログリーの染色工場である Couleurs & Textiles でオリジナルの
美しいカラーを作り出しています。この工場のおかげで、フランス国
内でのしっかりとした品質管理の下、シーズンに合わせた新しいカラ
ーを発表することを実現しています。

工場はフランス北西部、マリエーヴル村のセーヴルナンテーズ川のほ
とりにあります。ショレ地方の趣ある美しい地域です。1890年ごろに
造られたこの工場は、地元の遺産ともいえる存在です。かつては「シ
ョレのハンカチ」を織るための工場として使われていましたが、今で
はコーンとかせの糸を染める工場になりました。糸の染色工場として
はフランスで最も古い工場の一つです。

Couleurs & Textiles
Au Fil de la Sèvre Nantaise

www.couleursettextiles.com

Originally published in French by Editions La Droguerie under the title:

Le mini dressing des bébés de la droguerie
by La Droguerie

Copyright ©La Droguerie 2021
This Japanese edition published by EDUCATIONAL FOUNDATION BUNKA GAKUEN
BUNKA PUBLISHING BUREAU under license from La Droguerie

小さなシンプルベビーニット
フランスで愛される25点

2023年12月21日　第1刷発行

著　者　　ラ・ドログリー
発行者　　清木孝悦
発行所　　学校法人文化学園 文化出版局
〒151-8524
東京都渋谷区代々木3-22-1
電話 03-3299-2487（編集）
　　　03-3299-2540（営業）
印刷・製本所　株式会社文化カラー印刷

ラ・ドログリー　la droguerie

1975年にパリ1区のジュール通りにオープンした手芸用品の
お店。手仕事好きの2人の女性が、自分たちのお気に入り
のビーズやボタン、天然染料、手染めの毛糸などを扱うお店
としてスタート。アクセサリー用のビーズやパーツ、ワッペン、
リボン、ボタン、毛糸、生地など、色と素材にこだわった
アイテム、そして手作りが楽しくなるアイデアをフランスから
提案し続けている。
http://www.ladroguerie.com/

企画・スタイリング・撮影・
スタイリング・ブックデザイン・― ラ・ドログリー
翻訳

日本語版カバーデザイン ― 保延みなみ（文化フォトタイプ）
DTP製作 ――――――― 文化フォトタイプ
編み方解説 ―――――― 小林奈緒子
　　　　　　　　　　　　武知留美（p.82-83、112-113）
校閲 ―――――――――― 向井雅子
編集 ―――――――――― 小林奈緒子
　　　　　　　　　　　　三角紗綾子（文化出版局）